汽车紧急避撞转向与制动协调控制研究

张凤娇 / 著

吉林大学出版社
·长春·

图书在版编目(CIP)数据

汽车紧急避撞转向与制动协调控制研究 / 张凤娇著. —
长春：吉林大学出版社，2023.4
ISBN 978-7-5768-1597-9

Ⅰ.①汽… Ⅱ.①张… Ⅲ.①汽车－转向装置－研究
②汽车－制动装置－研究 Ⅳ.①U463

中国国家版本馆 CIP 数据核字(2023)第 066815 号

书　　名：汽车紧急避撞转向与制动协调控制研究
QICHE JINJI BIZHUANG ZHUANXIANG YU ZHIDONG XIETIAO KONGZHI YANJIU

作　　者：张凤娇
策划编辑：黄国彬
责任编辑：田茂生
责任校对：单海霞
装帧设计：姜　文
出版发行：吉林大学出版社
社　　址：长春市人民大街 4059 号
邮政编码：130021
发行电话：0431－89580028/29/21
网　　址：http://www.jlup.com.cn
电子邮箱：jldxcbs@sina.com
印　　刷：天津和萱印刷有限公司
开　　本：787mm×1092mm　　1/16
印　　张：12
字　　数：200 千字
版　　次：2023 年 4 月　第 1 版
印　　次：2023 年 4 月　第 1 次
书　　号：ISBN 978-7-5768-1597-9
定　　价：58.00 元

版权所有　翻印必究

前　言

本书是一本专门针对汽车主动安全技术研究而编写的专著,本书总结并吸收了国内外汽车主动避撞领域的最新研究成果,针对高速公路上前方行驶的车辆突然紧急制动或前方突然出现障碍物等紧急情况,驾驶员通过人为操纵已不能避免碰撞,需要车辆主动避撞系统接管车辆,实现紧急避撞控制的问题,本书结合常州市科技计划应用基础研究项目"汽车紧急避撞主动转向与制动协调控制系统研究"和"智能汽车紧急工况下主动规避机制与自学习控制研究",开展了汽车紧急避撞控制系统的关键状态参数估算以及对制动和转向进行协调控制的算法等研究,本书的研究成果可以让读者学习到最前沿的汽车主动安全控制技术理论和方法,是本书的一大亮点。

全书共分为七章,涉及汽车动力学模型的建立、汽车避撞过程稳定性控制关键参数估算、汽车紧急避撞换道控制策略、汽车制动和转向协调避撞模式决策方法、汽车紧急避撞控制器优化设计,以及汽车紧急避撞控制硬件在环试验平台设计等内容。

常州机电职业技术学院的张凤娇负责全书的主要撰写内容,本书撰写过程中,东南大学博士生导师殷国栋教授和南京航空航天大学博士生导师魏民祥教授为本书的撰写做了很有价值的理论指导和支持,新加坡南洋理工大学汪龚博士后、合肥工业大学严明月博士、江西机电职业技术学院黄丽琼老师等为本书的编写做了大量的基础性工作,书中凝结了他们的辛勤劳动和智慧。在此,谨向支持、协助本书编写的单位和个人致以诚挚的谢意。

本书在撰写的过程中参阅了大量的国内外资料,借此向这些著作和文献资料的原作者表示衷心的感谢。另外,本书得到常州市科技计划应用基础研究两个项目"汽车紧急避撞主动转向与制动协调控制系统研究（CJ20159011）"和"智能汽车紧急工况下主动规避机制与自学习控制研究（CJ20190009）"资助，以及2022年江苏省高校"青蓝工程"项目和江苏省高职院校教师专业带头人高端研修项目资助，在此表示衷心感谢。本书既可以作为高等院校交通运输类专业的教材，供专科生、本科生和研究生使用，也可以为交通工程、车辆工程等相关专业的教学、科研和工程提供学习参考。

由于作者学识有限，书中错误和疏漏之处在所难免，恳请广大读者批评指正，我们会虚心接受，在适当的时候进行修正、补充和更新。

作　者
2023年3月于常州机电职业技术学院

注释表

符号	名称	符号	名称
F_x	正地面切向反作用力	a_y	车辆质心的侧向加速度
F_y	正地面侧向反作用力	h	车辆质心高度
F_z	正地面法向反作用力	C_x	轮胎纵向刚度
γ	正外倾角	C_α	轮胎侧偏刚度
α_{pq}	轮胎侧偏角	μ	路面附着系数
T_x	正翻转力矩	F_{xpq}	轮胎纵向力
T_y	正俯仰力矩	F_{ypq}	车轮侧向力
λ_{zij}	正回正力矩	β	质心侧偏角
λ_{zpq}	轮胎纵向滑移率	ω	横摆角速度
fl	左前轮	F_{z_pq}	轮胎的垂直动载荷
fr	左后轮	F_{wx}	纵向空气阻力
rl	右前轮	I_z	整车绕 $N_c=10$ 轴的转动惯量
rr	右后轮	C_{Dx}	纵向空气阻力系数
R'	轮胎有效半径	A	车辆前部有效迎风面积
w_{pq}	车轮角速度	ρ	空气密度
V_{t_pq}	车轮中心切向速度	I_{wpq}	各车轮的转动惯量
b_f	前轴轮距	T_{dpq}	驱动轮的驱动力矩
b_r	后轴轮距	T_{bpq}	各车轮的制动力矩

符号	名称	符号	名称
l_f	车辆质心到前轴的距离	I_z	整车绕 z 轴的转动惯量
v_x	车辆质心的纵向速度	δ_f	二自由度模型前轮转角
v_y	车辆质心的侧向速度	α_f	二自由度模型前轮侧偏角
ω	车辆横摆角速度	α_r	二自由度模型后轮侧偏角
δ	车轮转向角	ξ	v_f 与 X_v 轴夹角
l_r	车辆质心到后轴的距离	F_{y1}	二自由度模型前轮侧向力
F_{s_pq}	轮胎垂直载荷	F_{y2}	二自由度模型后轮侧向力
m	整车质量	C_{α_f}	二自由度模型前轮侧偏刚度
g	重力加速度	C_{α_r}	二自由度模型后轮侧偏刚度
a_x	车辆质心的纵向加速度	K'	稳定性因数
L	车长	d_s	制动安全距离
W	车宽	x_{xf}	前车位移
$M_{ij}(t)$	蚂蚁转移概率	a_{xf}	前车纵向加速度
$\tau_{ij}(t)$	信息素轨迹强度	u_{xr}	自车纵向速度
η_{ij}	转移能见度	u_{xf}	前车纵向速度
r	蚂蚁允许到达的位置	a_{xr}	自车纵向加速度
allowed	蚂蚁下一步可选择的位置	d_{re}	驾驶员反应距离
B	轨迹的相对重要性	d_b	制动距离
A'	能见度的相对重要性	d_0	最小跟随距离
ρ'	信息素残留系数	d_w	预警安全距离
$1-\rho'$	信息素的挥发度	x_{xr}	自车位移
k	取值的类型为自然数	$\hat{k}$	曲率
n	状态变量的维数	θ	车辆航向角
χ_k	Sigma 点组成的矩阵	ε_{ij}	灰色绝对联度
λ	缩放比例参数	$z_{i_0 j_0}$	最优路径效果向量
W_i^m	均值的权	mc	动量因子

注释表

符号	名称	符号	名称
W_i^c	方差的权	$\bar{k}$	训练次数
$\boldsymbol{Q}$	过程噪声协方差矩阵	η	学习步长
$\boldsymbol{R}_0$	观测噪声协方差矩阵	h'	隐含层节点数
$\bar{f}$	新息的实际方差	N	输入层节点数
$\tilde{y}_{k+1\mid k}$	新息序列	O	输出层节点数
τ_1	驾驶员反应时间	a_{des}	期望加速度
u_{xr0}	自车F初始速度	T_i	积分反馈增益
τ'_2	制动器作用时间	K_p	比例反馈增益
τ_3	制动持续时间	f'	滚动阻力系数
τ_4	制动器解除时间	U_{PWM}	电机的电压
R_t	汽车转弯半径	$\bar{x}_0 = E(x_0)$	期望制动压力
K	汽车不足转向系数	K_d	制动力和制动压力比值
$\boldsymbol{z}_{ij}$	局势效果向量	T_d	微分反馈增益
v_{wind}^y	侧向风风速	$e(t)$	误差信号
P_{act}	实际轮缸压力	P_{the}	逆动力学模型求得的轮缸压力

目 录

第一章　绪论 ………………………………………………………… (1)

　　第一节　汽车主动避撞系统发展背景 ……………………………… (1)

　　第二节　汽车主动避撞系统的组成分类与关键技术的发展现状……… (14)

　　第三节　汽车紧急避撞转向与制动协调控制研究的主要内容……… (17)

第二章　整车动力学建模与验证 …………………………………… (17)

　　第一节　轮胎模型 …………………………………………………… (22)

　　第二节　整车动力学模型 …………………………………………… (28)

　　第三节　二自由度车辆模型 ………………………………………… (30)

　　第四节　整车动力学仿真及验证 …………………………………… (44)

　　第五节　本章小结 …………………………………………………… (46)

第三章　汽车关键状态估计、路径规划与换道控制策略研究 … (46)

　　第一节　基于蚁群优化的 UKF 汽车关键状态估计 ……………… (54)

　　第二节　基于 EH∞KF 的复杂工况下车辆状态参数高精度估计 …… (80)

　　第三节　纵向安全距离模型的建立 …………………………………

　　第四节　侧向换道路径规划与换道控制策略研究 ………………… (84)

　　第五节　本章小结 …………………………………………………… (102)

第四章　基于灰色神经网络的转向与制动协调控制研究 ……… (103)

　　第一节　避撞过程稳定性安全阈值 ………………………………… (103)

· 1 ·

第二节　基于灰色决策的避撞模式研究 …………………… (105)

　　第三节　基于神经网络的协调避撞上层控制器设计 ………… (106)

　　第四节　逆动力学建模与下层控制器设计 …………………… (115)

　　第五节　仿真验证 ……………………………………………… (118)

　　第六节　本章小结 ……………………………………………… (128)

第五章　神经网络协调避撞算法优化与跟踪鲁棒控制 ………… (129)

　　第一节　基于遗传优化的神经网络协调避撞算法与仿真分析 … (129)

　　第二节　路径跟踪 H_∞ 鲁棒抗干扰控制研究与仿真分析 ……… (135)

　　第三节　本章小结 ……………………………………………… (140)

第六章　汽车转向与制动协调控制半物理仿真试验研究 ……… (141)

　　第一节　汽车紧急避撞协调控制半物理仿真试验系统 ……… (141)

　　第二节　汽车紧急避撞协调控制半物理仿真试验系统硬件设计 … (144)

　　第三节　汽车紧急避撞协调控制半物理试验系统软件设计 … (149)

　　第四节　半物理仿真试验与分析 ……………………………… (154)

　　第五节　本章小结 ……………………………………………… (159)

第七章　总结与展望 ……………………………………………… (160)

　　第一节　本书主要研究工作和创新点 ………………………… (160)

　　第二节　展望 …………………………………………………… (162)

参考文献 …………………………………………………………… (163)

致　谢 ……………………………………………………………… (175)

攻读博士学位期间发表(录用)学术论文及申请专利 …………… (177)

第一章 绪 论

第一节 汽车主动避撞系统发展背景

随着我国经济的高速发展,汽车保有量越来越多,道路越来越拥挤,各种各样的车祸层出不穷,据统计,我国每年会发生近100万起交通事故,由此造成的死亡人数超过10万人,交通事故发生率和车祸死亡率居高不下。细究车祸发生的主要原因,90%以上的事故是由驾驶人反应不及时或判断失误引起的,驾驶人没有看清前面车辆所处的位置或者发现前方车辆(或障碍物)但为时已晚,造成的人员伤亡和经济损失非常巨大[1-3]。因此,提高驾驶人的感知能力,以及在驾驶人不能及时操控汽车时,使汽车能够完全代替"人"的驾驶,可能是降低车祸发生率、避免汽车与障碍物相撞的最好手段。但是,目前,无人驾驶技术远远没有成熟,汽车仍需要"人"来驾驶,所以,现阶段,国内外科研人员多数致力于汽车部分智能化的开发,尤其是汽车主动避撞系统成为研究热点[4]。

汽车主动避撞系统属于车辆主动安全性研究的范畴,其包含的技术范围比较广,譬如防抱死制动系统 ABS(anti—lock brake system)、电控行驶平稳系统 ESP(electronic stability program)、电动助力转向系统 EPS(electronic power steering)和车辆自适应巡航控制 ACC(autonomous cruise control)系统等[5],这些装置和系统都可以在一定情况下进行智能制动、助力转向和智能辅助停车等防碰撞行为,保证车辆的主动安全,但是在实际应用中,它们都有各自的缺陷。以综合性能较好的 ACC 系统为例,其适应的工况范围比较窄，对复杂路况的适应性仍然不够智能，譬如当前车突然进入弯道时，ACC系统往往会把安全距离误判过大，从而导致自车会突然加速进入弯道，容易发生车祸，要解决这样的误动作问题，驾驶人必须立刻关闭电源，但如果驾驶人能够有清醒的意识去立刻操作，那么ACC自动巡航系统此时又显得非常多余。另外，这些系统多数只能辅助驾驶人进行单一的制动避撞或者转向避撞行为，有一定的局限性[6]。

当车辆高速行驶时，遇到近距离突然出现的人或障碍物等危险时刻，在发生碰撞前紧急停车十分困难。大多数驾驶人会采取紧急制动避撞或者转向换道避撞。但是在制动距离太短的情况下，采取紧急制动避撞已经不能避免碰撞；车速过高时进行转向换道避撞，车辆又很容易失稳，发生侧翻。

因此，在现有汽车主动避撞系统技术的基础上，当汽车遇到紧急障碍物工况时，在纵向制动避撞控制的基础上加入局部路径规划，进行转向换道和制动相结合的避撞策略研究，提出转向和制动的协调控制优化算法，实现转向和制动协调控制的避撞功能是今后汽车智能化主动避撞系统研究的重点。这些技术对于进一步提高汽车主动避撞系统的智能化、自动化，使其能够适应更多的行驶路况，从而提升汽车的主动安全性、操纵稳定性和舒适性具有重要理论意义和工程应用价值。

第二节　汽车主动避撞系统的组成分类与关键技术的发展现状

一、汽车主动避撞系统的组成分类

1. 汽车主动避撞系统的组成

目前，汽车主动避撞系统涵盖的主要内容已经很广泛，汽车主动避撞系统的功能原理图如图1.1所示。

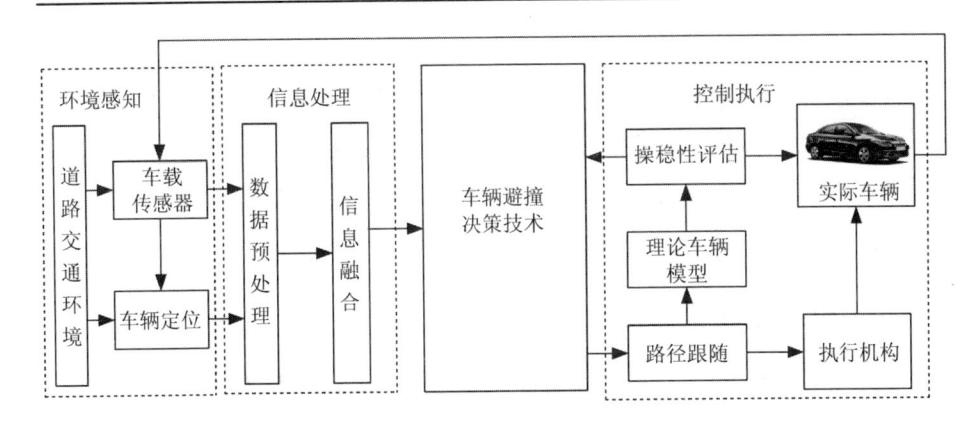

图 1.1　汽车主动避撞系统功能原理图

行车信息环境感知系统是指感知道路交通环境和车辆行驶信息的各类传感器；信息处理系统借助行车信息环境感知系统，在车辆行驶过程中实时探测出车辆关键状态参数、车间安全距离等，并对数据进行预处理后发送到下一个子系统；车辆避撞决策与控制技术是指系统先根据安全距离信息进行判断，如果检测到汽车已经处于紧急状态，驾驶人没有采取相应动作，则控制系统立刻启动，做出适当的避撞决策后立即自动采取措施，进行车辆制动避撞、转向换道避撞或者调用车辆其他相关系统（比如 ABS、ESP 等）一起协调控制[7]，车辆回到安全状态后，系统自动复位。

2. 汽车主动避撞系统的分类

1）按照功能进行分类

车辆主动避撞报警 CWS(collision warning system)系统：是一种能对探测到的危害情况进行判断并给出警报的驾驶员辅助系统[8,9]。

车辆自适应巡航控制 ACC 系统：通过安装在车辆前部的车距传感器或者雷达，探测车辆前方道路的交通情况，对 ABS 和发动机等进行协调控制，保持两车之间的安全距离[10]。

复合型车辆智能控制系统：与 ACC 系统相互辅助，实现车辆停走(stop&go)[11]，对于城市复杂交通路况有较好的避撞控制效果。

2）按照避撞的模式进行分类

纵向制动避撞系统[12,13]：主要是对车辆进行纵向制动控制，以达到避免碰撞的目的。

转向换道避撞系统[14]：能够自动控制车辆转向，避开障碍物或车辆，避免车辆发生侧面碰撞。

复合型智能避撞系统[15]：是指先进行自动控制转向试图避开障碍物，如果车辆不满足实施转向的要求时，系统再进行自动制动。

二、汽车主动避撞系统关键技术的发展现状

汽车主动避撞系统的目的是提高驾驶人和乘客的安全性，近年来，汽车制造商一直试图利用主动安全系统而不是被动安全系统来帮助驾驶人避免或减少碰撞。该系统的研究始于20世纪60年代的德国，早期由于理论研究不足及基础材料的限制，发展较为缓慢，直到20世纪末，得益于微波器件和集成技术在汽车企业的应用普及，避撞控制系统在汽车领域进入了快速发展时期。

1. 行车信息环境感知技术发展现状

行车信息环境感知技术就是利用汽车上的各类传感器，譬如距离测量传感器、车速传感器、节气门位置传感器和制动踏板传感器等，在车辆行驶时，实时获取自车和障碍物的距离、车速、节气门开度和制动压力等车辆运行参数，并对这些信号进行处理与融合[16]。

行车信息环境感知技术是实现汽车主动避撞功能的基础，其最关键的技术设备是能适应各种交通环境，准确地为系统提供自车与前车或者障碍物之间距离信息的距离测量传感器。常用的车载距离测量传感器有超声波测距、红外线测距、视频成像系统测距和雷达测距等。

(1)超声波测距和红外线测距结构相对简单，价格较低廉，但天气恶劣的时候，测距精度会受到很大影响。

(2)视频成像系统测距主要是通过实时处理视觉信号，从而获得车间距离值[17,18]。它的优势较多，譬如它能够探测道路及分道线、探测范围比较宽、能够获取完整的环境信息以及极为符合人的认知习惯。但是在汽车主动避撞工况下，它的劣势很明显：处理信息时运算量太大，导致距离测量实时性较差；另外，车间距离的测量精度会受到摄像头分辨率的限制。

(3)在汽车主动避撞领域,国外应用比较广泛的是雷达测距系统,包括激光雷达测距和毫米波雷达测距。

激光雷达测距的测量性能会受到恶劣天气的影响下降,但是它的结构比较简单,测量精度较高。口碑比较良好的有德国人研制的 MEAR 激光测距系统,它被安装在车头部,可以实时为驾驶员提供与前车或障碍物之间的相对车速和距离[19];通用公司研制出的一种避撞报警系统也利用了激光雷达技术,除了增加有效作用距离之外,还可以探测车头正前方以外区域的障碍物[20];单光束激光雷达、一维和二维扫描式激光雷达等都是 20 世纪 80 年代日本研究人员设计的,它们应用的范围主要包括潮湿环境距离测量、弯道和坡道目标车辆探测,其车载使用效果反响良好[21];沃尔沃开发的城市安全系统(city safety)通过使用激光雷达通过光探测和测距,自动检测车辆前方 10 m 内的障碍物或车辆动态,其缺点是只能在车速低于 30 km/h 时启动[22]。

毫米波雷达测距的测量性能虽然受雨、雪、雾等恶劣天气的影响较小,其运行可靠性也较好,但其结构比较复杂,成本也较高,各国科研人员都在大力研究,并已开发出一些适于汽车应用的产品[23]。目前,在研发汽车主动避撞系统的过程中,奔驰汽车公司使用了德国 ADC 公司生产的毫米波雷达系统[24];2009 年,沃尔沃在研发自动刹车碰撞警示系统 CWAB 中使用毫米波雷达,可以检测到车辆前方 150 m 范围内的障碍物[25],如图 1.2 所示。日

图 1.2 沃尔沃 CWAB 系统

本丰田公司、三菱公司和 Denso 公司合作，率先开发出了结构上比较紧凑、抗干扰性能又好而且还采用调频连续波测距方式的电子扫描式毫米波（electronically scanning MMW）雷达。

2. 信息处理技术发展现状

1）汽车状态量估计

由于从各类传感器直接获得的车辆状态信息中有随机误差，汽车主动避撞系统必须通过信息预处理技术对原始数据进行处理之后，方可在系统计算中应用。譬如：汽车的车速、侧向加速度、横摆角速度和质心侧偏角等关键状态参数的获取，需要用到软测量方法，也就是基于算法的估计。

目前汽车状态估计算法主要有线性卡尔曼滤波 KF[26]（kalman filter）、扩展卡尔曼滤波 EKF[27,28]（extended kalman filter）、无迹卡尔曼滤波 UKF[29,30]（unscented kalman filter）、神经网络[31,32]、状态观测器[33]和模糊逻辑[34]等，这些方法都是对汽车控制系统中的关键控制变量（包括质心侧偏角、侧向速度和横摆角速度等）进行估计与预测。其中 KF 适用于线性系统，EKF 虽然适用于非线性系统，但其对非线性系统的近似简化降低了估计结果的精度，UKF 很好地解决了非线性系统滤波估计的问题；但从滤波参数方面进行考虑，上述常规算法中，过程噪声和观测噪声的统计特性在滤波过程中根据先验值预先设为定值；若噪声水平改变，将会使得估计精度降低甚至导致滤波发散[35]。

2）安全距离模型

汽车主动避撞系统信息处理技术必须依靠优越、精确性较好的安全距离模型，结合汽车状态量的估计信息，实时计算理论安全间距，并与行车信息环境感知技术测算出的前、后车的车速和车距进行比较，才能进行车辆安全状态的判断。

目前，考虑制动过程中的运动学分析、车头时距以及驾驶员预瞄的全距离模型[36]在理论研究上比较成熟，但是这些模型大多是基于车辆之间纵向距离进行建模研究的。

丰田公司[37]建立了一种与驾驶员模型相结合的安全距离模型，将驾驶员预测的安全车距与临界车距进行比较，确定报警距离，使得安全距离模型更人性化。

湖南大学的李诗福等人[38]研究了车辆制动过程，对预警临界距离和制动临界距离进行了理论推导，得到考虑前方车辆出现紧急情况的安全距离模型，经过理论仿真后，基本能实现防撞功能，但是结果比较保守且没有考虑实际驾驶员特性和乘员舒适性。

清华大学的侯德藻等人研究了基于车间距保持的新型安全距离模型[39]。主要是以40名驾驶员作为试验对象，通过多种典型交通工况下的试验，确定安全模型距离模型参数，以驾驶员操作数据作为检验基准数据。此安全距离模型具有适应性广、行车交通信息易于获取且符合驾驶员操作特性等特点。

典型的换道安全距离模型有NETSIM、FRESIM、MITSIM、MRS和南加州大学的最小安全距离模型等[40]。吉林大学的胡蕾蕾等人将侧向换道分为三部分，建立侧向换道安全距离模型，并给出了能实施安全换道的安全性条件的参考公式，最后对侧向换道安全距离进行了仿真，试验结果表明合适的侧向换道安全距离可以使自车通过转向避开前车或障碍物[41]。

清华大学的边明远等人采用了正弦函数加速度换道轨迹模型[42]，并研究了不同的车速调节时间对换道轨迹和安全距离的影响，建立了紧急换道安全车距模型。最后对同车道前方静态障碍物工况进行仿真，验证了所提出的安全车距模型的有效性。

综上所述，国内外现有的安全距离模型有很大的局限性，往往只是针对车辆的纵向制动或者转向换道等工况进行设计，当车辆行驶条件变得复杂时，其适用范围比较狭窄。因此，综合考虑车辆复杂行驶工况和反映驾驶员特性等情况，设计合理有效的安全距离模型是非常必要的。

3. 车辆避撞控制研究现状

1) 纵向制动避撞控制研究现状

在纵向制动避撞控制方面，国内外的很多研究内容已经进入实用化阶段。

日本丰田汽车公司在21世纪初，率先研制出了主动安全碰撞缓解制动系统CMBS[43] (collision mitigation brake system)。驾驶员可通过系统警示灯的闪烁等警报信号得知车辆存在的危险情况，驾驶员如果无视警报信号并无相应的操作行为，随着车辆和前车车距的减少，系统会自动触发控制信号，通过制动器的轻微制动动作,来警告驾驶员。当系统判断车辆无法避免与前车发生追尾碰撞时,先点亮制动灯,以告知后方车辆存在危险。同时,碰撞缓解制动系统会自动采取紧急制动操作,最大化地减少碰撞损失。

随后,丰田公司又开发出了一种安全预碰撞系统 PCS[44](pre-collision system),其预碰撞系统工作状态分为三步:当存在碰撞危险时,以声音信号形式提醒驾驶员注意;当存在极大碰撞可能性时,制动系统预先进入制动状态,并根据交通状况进行一定程度的制动,并收紧安全带以提高乘员安全性;当碰撞发生无可避免时,进行大强度紧急制动,其工作状态示意图如图1.4所示。

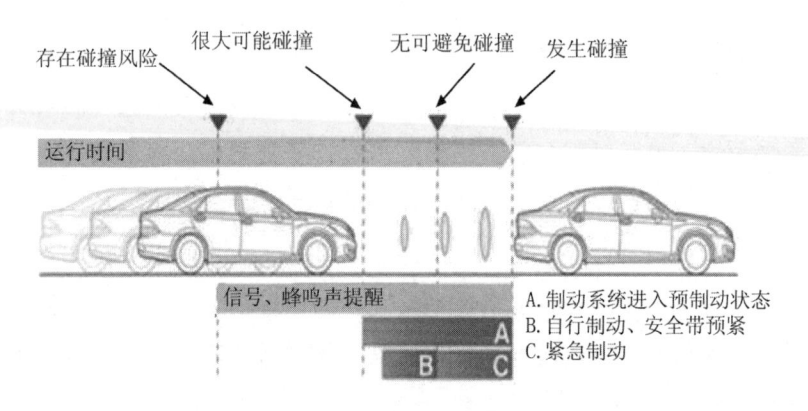

图1.3 丰田 PCS 预碰撞系统避撞工作状态示意图

2011 年,大众汽车公司利用车头的毫米波雷达检测车间距离与车速等信息,自动判断发生碰撞危险的概率,一旦检测到前车突然制动,警示灯会亮起,当驾驶员没有采取任何行动时,该系统自动强制车辆开始制动,只是这种预碰撞安全系统 Front Assist 的车速范围只能保持在 0~30 km/h,适应范围太窄[45]。

2008 年,我国首个"激光探测汽车主动防碰撞智能安全系统"研制成功,该系统是由南京理工大学长江学者陈钱教授与安徽凤阳共同研制的高科技产品项目。该系统可以通过激光传感器获取车辆行驶中的多类交通环境信息,结合先进的信号分析与处理技术,自动给出车辆后续执行指令并控制执行系统自动完成预警、减速或制动等相应动作。当障碍物消失,汽车则自动恢复正常行驶[46]。该系统的技术也仅仅是停留在纵向避撞控制方面。

德国宝马公司的 Paul Venhowens 等人采用自校正 PID 算法设计了避撞上位控制器[47]。其输出的期望加速度数值通过对相对速度、距离误差和自车加速度的比例反馈进行调节，加上考虑前车状态的补偿项得到。经过仿真验证，上位控制器可以迅速对车距和车速进行调节，使之收敛于期望值。

国内清华大学的候德藻等人[13]研究了车辆纵向主动避撞控制系统，考虑了驾驶员优先原则，设计了基于最优跟踪理论的上位控制器；基于 H∞ 控制理论和模型匹配控制理论设计了下位控制器。上、下控制器结合，形成了总的纵向避撞控制系统，可以对车辆动力学系统进行有效控制，实现期望的加速度。通过仿真和实车试验验证了控制效果，具有鲁棒性好、受外界干扰小的特点。

2) 转向换道避撞控制研究现状

当纵向制动距离不足以保证车辆安全避撞时，驾驶员还有机会通过选择转向换道来避开碰撞危险。转向避撞属于转向换道控制范畴，车辆通过控制转向盘转角或者前轮转角沿着给定的期望的路线行驶，同时能保证一定的舒适性和稳定性。在车辆控制中，由于车辆的强非线性和转向换道时要考虑防止车辆侧倾等动力学约束，特别是紧急高速情况下的车辆稳定性，转向换道控制一度成为研究的难点和热点。

为了实现转向换道避撞，有两个方面的因素要考虑：一是车辆要能跟踪事先规划好的换道路径；二是设计合理的控制器来引导车辆跟踪给定路径。跟踪控制器设计除了必须保证车辆可以安全地跟踪期望换道轨迹外，还要避开危险情况和防止侧翻，同时通过保证较小侧向加速度来提高乘坐舒适性。

文献[48]的作者对几种转向换道轨迹进行了研究和比较，比如圆形轨迹、余弦轨迹、多项式轨迹和梯形加速度剖面轨迹等，这些类型的轨迹并不是为避撞专门设计的车道变换轨迹，但可以利用它们对避撞进行优化和调整。而被广泛应用在避撞系统的设计研究中的是正弦函数轨迹[49,50]。文献[51][52]的作者对转向换道避撞系统的研究中用到了梯形加速度剖面轨迹 TAP 和 S 型函数轨迹。Minh Trieu Vu 等人提出了采用微分平坦理论规划换道路径[53]，考虑车辆动力学约束，但计算量庞大，实时性差。Blank 等人只考虑到车辆避撞换道过程中的路径最短，对其他约束条件考虑较少，设计出的最小曲率半径紧急避让路径有很大的局限性[54]。

轨迹跟踪控制的目的是让车辆跟踪由控制算法规划出的最优轨迹或给定的期望轨迹。传统的控制方法，如根据 PID 控制、滑模控制和最优控制等设计的跟踪控制器已得到广泛的研究。

考虑到车辆动力学和转向输入，有的研究者提出了最优轨迹生成方法并对其进行了模型预测控制[55-60]，Soudbakhsh D 等人以车辆实际与理想侧向加速度的误差，以及实际与理想偏航角的误差构造状态方程，设计出线性二次最优 LQR 紧急避让路径跟踪控制器[61]，仿真结果表明跟踪效果良好。

刘翔宇在研究车辆转向工况中，利用 BP 神经网络算法通过前轮侧偏角估算路面附着系数，并提出了采用动态边界来控制质心侧偏角的 VSC 控制策略，在汽车的纵向和侧向速度的估算中利用了扩展卡尔曼滤波器[62]。

Boada 等人采用模糊控制逻辑方法设计了基于车辆横摆角速度和质心侧偏角的紧急转向路径跟踪控制器，通过仿真验证了控制方法的有效性[63]。

哈尔滨工业大学的张冠哲等人利用正反梯形轨迹作为汽车换道轨迹[64]，运用终端滑膜控制方法设计了换道控制系统，实现了车辆横摆角速度跟踪，明显减小轨迹的跟踪误差。由于滑膜变结构控制可以随着时间变化，不受外界和系统自身参数影响，所以这种控制策略有很好的鲁棒性。

上述转向换道避撞控制算法多数都是通过仿真进行验证其效果的，目前，应用于非线性强烈的实际高速转向换道工况中的控制算法研究还是比较缺乏。

3) 转向与制动协调避撞控制研究现状

20 世纪末，人们认为装有 ABS 的汽车已经可以保证行车安全，至今，ABS、ASR、TCS、四轮转向系统 4WS、主动悬架系统 ASS 以及 ESP 等都成为汽车上的标准配置。汽车的转向与制动系统是保证汽车安全性能最基本也是最重要的组成，两者工作的可靠性在很大程度上决定着汽车行驶的安全性。另外，因为汽车制动距离与相对车速的平方成正比关系，车速越高，制动距离越大。当行驶车速较高时，且车与障碍物之间的距离不能满足汽车避撞所需要的安全制动距离时，即制动已经无法避免碰撞发生的情况下，还有可能利用转向实现避撞[65]。然而，在汽车遇到紧急工况时，即使是采用转向也无法避免相撞,如果此时强行转向换道避撞,汽车很容易侧翻,失去稳定性。针对这样的复杂工况,对汽车转向制动系统协调控制的研究成为现代车辆控制技术研究的热点[66-70]。

日本率先对车辆协调控制进行研究,在 1985 年的东京车展上,Nissan 公司推出了概念车 ARC-X,其各子系统通过 CPU 间的通信协作完成一些功能[71]。随后,Toyota 公司对主动四轮转向、防抱死制动和牵引力控制等系统进行了协调控制技术的研究[72,73]。

进入 21 世纪后,无论在理论研究还是实际系统开发方面,车辆转向与制动协调控制都得到了较大的发展。Continental 通过对差动制动、发动机和前轮主动转向等三个子系统的协调控制,一定程度上实现了底盘的全局控制[74,75]。

在转弯/制动联合工况下,Taheri 和 Law 等人[76]通过信息交互来协调动作,利用减小后轮最佳滑移率的方法给后轮转向留有更多的侧向力裕度。

Yasui 等人利用电动助力转向 EPS 系统对轮胎的侧向附着系数进行了估计,然后又利用 ESP 对轮胎的纵向力进行适当的控制,为 EPS 与 ESP 的协调控制做出了贡献[77]。

日本学者 Abe、Toyota 公司的 Hattori 等人充分考虑了轮胎的非线性,采用无约束优化或有约束优化求解法,把制动、转向、驱动系统的执行器限制和附着限制转化成控制轮胎力的上下界问题,对轮胎力进行了基于二次规划控制方法的最优分配[78-83]。

Jaewoong Choi 等学者提出了一种紧急驾驶支援(emergency driving support,EDS)下电动助力转向扭矩叠加和差动制动的协调控制算法,其电动助力转向系统通过叠加扭矩帮助驾驶人提高响应速度,差动制动能大大减小车与车之间距离,协助驾驶员克服危险情况,避免碰撞。该文献对 8 个驾驶员进行避撞成功率的研究,试验时利用了人在环中的仿真。结果表明,大部分受测试的驾驶员能够从提出的支援系统中获益[84]。

2004—2006 年,合肥工业大学的陈无畏[85]、赵君卿[86],江苏大学的陈龙、袁传义[87]等人在汽车主动悬架与电动助力转向系统的集成控制方面做了大量的研究，所提出的一些理论和控制方法为提高汽车操纵稳定性、安全性和平顺性等综合性能做出一定的贡献，为后来者研究汽车转向和制动的协调控制奠定了基础。

2007年，吉林大学的宗长富、陈平[88]通过建立线控转向和制动车辆动力学模型，对主动转向[AFS(active front steering)]与差动制动[DBC(dynamic brake control)]的集成控制系统算法进行了研究，利用传统整车动力学模型研究了极限工况下汽车的稳定性机理。同年，合肥工业大学的王其东、王霞[89]对ABS与AFS系统协调控制进行了研究，提出一种自适应模糊控制和PID结合的控制方法。

2008年，上海交通大学的武建勇[90]通过建立8自由度的整车模型，对车辆的四轮转向[(4WS(four wire steering)]和横摆控制力矩[DYC(direct yaw moment control)]的协调与集成控制机理进行了研究。同年，吉林大学的董宁[91]对轻型汽车防抱死制动与主动前轮转向（AFS）的集成控制进行了仿真分析研究，提出了一种基于行驶状态识别的门限值规则协调控制策略。

2010年，重庆大学的赵树恩提出了一种分级式车辆底盘多智能体(multi-agent system, MAS)协调控制策略，用于协调车辆的纵向、侧向、垂直方向的运动[92]。杨福广利用自抗扰控制技术对具有非线性特点的防抱死制动系统和驱动防滑系统的滑移率进行实时跟踪控制，使地面附着力得到充分利用，提高了制动防抱死性能和驱动防滑性能，为车辆各个子系统之间的协调控制技术做出一定的贡献[93]。

2011年，合肥工业大学的朱茂飞[94]提出的基于神经网络逆系统方法的汽车底盘集成系统解耦控制策略，一定程度上解决了非线性解耦控制问题过度依赖被控对象数学模型的缺陷。浙江大学的岑达希[95]提出了防侧翻滑模控制策略用于汽车的主动转向和差动制动控制；马国宸[96]通过建立12自由度的整车模型，对电动助力转向系统、防抱死制动系统和主动悬架系统进行了协调仿真控制，在一定程度上提高了汽车危险工况下的综合性能。

2012年，合肥工业大学的汪洪波[97]提出了一种博弈论协调控制理论，采用ARM构建底盘功能分配的控制系统实车试验平台，验证了协调控制的有效性。

在协调控制转向与制动的过程中,一定要同时考虑到车辆稳定性问题。在2009—2016年,北京科技大学的李果[98-105]对汽车转向与制动集成控制进行了较为深入的研究。文献[98]定义了协调误差,提出一种新的耦合控制策略,把耦合误差补偿原理和给定控制结合起来,减少了转向系统和制动系统之间的补偿控制律难以确定的困难;文献[99]针对滑模控制中固有抖振缺陷,提出一种协调控制转向系统和制动系统的新方法,能够自动适时调节控制参数增益以削弱抖振,精心设计的转向控制器和制动控制器改善了汽车的动态响应、鲁棒自适应性和稳定性;文献[100]为了减少转向系统和制动系统之间的补偿控制率难以确定的困难,提出耦合误差补偿原理与同一给定控制相结合的新的耦合控制策略,然后设计防抱死制动快速终端滑模控制系统;文献[101]设计了一种由执行级、协调级组成的分层控制系统,在执行级,设计了基于遗传算法的汽车ABS最优滑模控制器,协调级设计了基于遗传算法的汽车转向滑模控制器,来解决车辆转向过程中防抱死制动稳定性的问题;文献[102]针对汽车制动系统和转向系统相互之间存在着复杂的耦合关系,以无模型控制方法设计汽车整车防抱死制动控制器、整车前轮主动转向控制器,以及转向系统和制动系统的协同控制器,从理论上证明了设计的无模型控制系统的稳定性。文献[103]和[104]提出一个非线性控制系统、一种新的非线性鲁棒协调控制系统和一种变论域同步补偿控制系统来解决汽车转向系统和防抱死制动系统的协同控制问题;考虑到不确定参数和耦合干扰会使系统性能恶化,文献[105]提出一个一致性协同控制系统用以研究汽车转向系统和防抱死制动系统的协同控制问题,改善了汽车制动稳定性能和转向性能。

刘伟[106]以某国产轿车的车辆电子稳定性控制系统(ESC,electronic stability antrol)为出发点,把质心侧偏角作为评价汽车稳定性的目标,系统地研究了车辆稳定性的控制并进行了详细分析。

为了提高车辆在极限工况下运动状态的跟踪效果和操纵稳定性,刘明春[107]在控制策略上采用了根据驾驶员的输入,对车辆进行实时控制的分层控制策略,并对横摆力矩进行了直接控制。

吉林大学的诸位学者[108-112]对汽车转向制动集成控制做了进一步研究，朱冰基于逆乃奎斯特阵列法的车辆底盘集成控制系统，除了能有效协调主动转向和制动系统之间之外，还能在一定程度上消除两者间的耦合，显著提高车辆操纵的稳定性。

综上所述，车辆转向与制动协调避撞控制研究有了很大的进步，但仍然存在很多问题有待于进一步研究与解决。

(1) 转向与制动协调避撞技术需要对状态参数进行更精确的估计。在汽车避撞过程中，稳定性是需要考虑的一个主要因素，判断稳定性需要实时知道汽车关键状态变量，传统估计算法会导致滤波发散的问题，需要更优越的状态估计优化算法。

(2) 转向与制动协调避撞策略上不够完善。目前，在汽车的主动避撞策略的研究中，对纵向避撞或换道避撞等单一避撞模式研究较多，对纵向和侧向协调避撞仅仅通过简单切换逻辑来调节，不够完善，需要改进。

(3) 转向与制动协调技术需要适应更复杂极限工况和更优越的控制算法。现阶段，国内外有关转向与制动的协调控制技术多数算法都是针对底盘集成一体化的角度展开的研究，针对紧急避撞工况的转向与制动协调控制算法还比较少，急需进一步深入研究。

(4) 缺乏对有外部干扰时的汽车紧急避撞转向与制动的协调控制偏差的问题研究。紧急协调避撞控制器研究中，对于外界环境干扰如侧向风所引起的不确定性等问题，相关研究不是太多，需要进一步研究；对紧急避撞过程中干扰引起的控制偏差如何解决等问题都有待进一步研究解决。

第三节　汽车紧急避撞转向与制动协调控制研究的主要内容

本书针对汽车紧急避撞转向与制动协调控制问题展开研究，主要内容如下。

第一章 绪 论

(1)整车动力学建模与验证。建立用于汽车紧急避撞控制系统研究的动力学模型,包括整车的非线性七自由度模型、线性二自由度车辆模型和刷子轮胎模型等。基于 Simulink 平台与 Carsim 软件联合对上述模型进行仿真验证。

(2)汽车关键状态估计与路径规划研究。针对汽车避撞过程稳定性控制关键参数估算的需要,提出一种蚁群算法优化的 UKF 的状态估计自适应滤波算法。运用蚁群算法的寻优功能,通过适当地选择目标函数,对过程噪声和观测噪声的协方差矩阵进行寻优运算,实现算法的自适应,提高算法的鲁棒性和估计精度。用仿真试验验证算法估计是否效果良好、是否满足汽车稳定性控制要求。针对高速公路多车复杂工况,提出了一种新的基于双扩展 H 无穷卡尔曼滤波(EH∞KF,extended H infinity kalman filter)车辆状态参数估计综合方案,实现对车辆质量、车速、横摆角速度和侧偏角的高精度估计,并进行不同工况下的仿真试验验证。基于传统的安全距离模型建立双车道多车紧急纵向避撞安全距离模型和侧向避撞换道路径规划模型:在制动避撞条件下,推导纵向避撞安全距离模型,对于转向避撞情况,采用五阶多项式进行路径规划,建立换道避撞路径规划模型。

(3)基于灰色神经网络的转向与制动协调避撞控制研究。针对紧急情况采取何种较优避撞模式问题,提出一种基于灰色理论的车辆避撞模式决策方法,运用该决策方法解决避撞模式选择问题,重点研究制动和转向协调避撞模式。建立 BP 神经网络上层控制器,协调汽车制动与转向同时工作,通过纵向安全距离模型和侧向换道路径求出制动减速度变化曲线和侧向加速度变化曲线,通过逆动力学建模得到制动压力变化曲线和前轮转角变化曲线,建立 PID 下层控制器执行制动和转向操作。通过仿真试验对算法进行验证,在满足稳定性要求的前提下能否较好地完成避撞。

(4)神经网络协调避撞算法优化与跟踪干扰控制研究。针对神经网络控制器优化问题,利用遗传算法优化出神经网络控制器的最佳初始权值和阈值,使得神经网络控制器在相同情况下,成功避撞的前提下,车辆自身有更小的横摆角速度和质心侧偏角,驾乘人员有更好的舒适性。针对外界环境干扰等客观存在的因素对避撞过程的影响,在换道过程中,主要影响车辆转向的因素有侧向风干扰等所产生的不确定性，将车辆简化为单输入单输出模型，利用 H_∞ 控制降低干扰的能力以及具有较强的鲁棒性特点，设计 H_∞ 鲁棒控制器抑制这些干扰因素，使车辆能够很好地跟踪期望轨迹。

(5)汽车转向与制动协调控制半物理仿真试验研究。在虚拟仿真的基础上，设计并研制基于 LabVIEW 和 MATLAB/Simulink 平台的汽车紧急避撞协调控制硬件在环试验平台。

(6)总结与展望。系统地总结全书的研究工作和创新点，并在总结全书的基础上，对今后需要进一步展开的研究工作进行展望。

第二章　整车动力学建模与验证

协调避撞控制仿真的前提是要建立正确的整车动力学模型。在紧急避撞过程中，汽车会出现紧急制动或转向换道等复杂的危险工况，此时，汽车作为一个整体，将表现出很强的多自由度的非线性动态特性。但是，自由度过多的汽车模型计算过于复杂、低效，自由度太少的汽车模型又不能准确地反映出汽车的动力学特性。因此，需要建立一个既方便分析计算又能体现车辆运行姿态的非线性整车动力学模型。本章建立考虑车身纵向和侧向以及横摆角速度和轮胎非线性的整车七自由度动力学模型和线性二自由模型，通过成熟动力学软件 Carsim 进行对比仿真，验证动力学模型的正确性。

第一节　轮胎模型

轮胎是汽车行驶过程中唯一与地面接触作用的部件，任何对汽车的操纵最终都转化成轮胎与地面之间的作用力，来实现汽车的运动控制。因此，如何准确而有效地描述各种工况下的轮胎摩擦力，建立精确的轮胎模型尤其重要。

1. 轮胎模型的输入

首先建立轮胎坐标系如图 2.1 所示。车轮平面和地平面的交线与车轮旋转轴线在地平面上投影的交点为坐标系的原点，记为 O，车轮平面与地平面的交线为 x 轴，规定 x 轴向前为正，y 轴在地平面上，规定面向车轮前进方向时指向左方为正，z 轴与地平面垂直，规定指向上方为正[114]。轮胎坐标系符号见表 2.1。

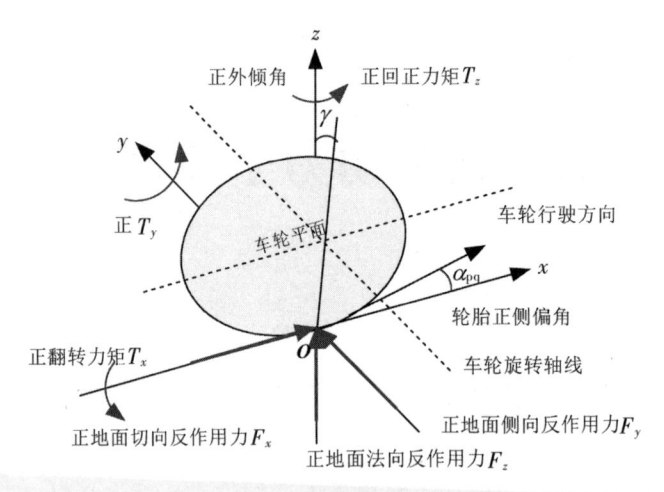

图 2.1 轮胎坐标系

表 2.1 轮胎坐标系符号

符号	名称
F_x	正地面切向反作用力
F_y	正地面侧向反作用力
F_z	正地面法向反作用力
γ	正外倾角
α_{pq}	轮胎侧偏角
T_x	正翻转力矩
T_y	正俯仰力矩
T_z	正回正力矩

在轮胎坐标系下分别给出轮胎纵向滑移率和侧偏角以及轮胎垂直载荷的定义和计算方法。

1) 轮胎的纵向滑移率

轮胎纵向滑移率用 λ_{zpq} 表示，pq 代表 4 个轮胎，分别用左前轮 fl、右前

第二章 整车动力学建模与验证

轮 fr、左后轮 rl 和右后轮 rr 表示，各车轮滑移率的计算如下：

$$\lambda_{\text{fl}} = \frac{w_{\text{fl}} R' - V_{t\_\text{fl}}}{V_{t\_\text{fl}}} \qquad (2.1)$$

$$\lambda_{\text{fr}} = \frac{w_{\text{fl}} R' - V_{t\_\text{fr}}}{V_{t\_\text{fr}}} \qquad (2.2)$$

$$\lambda_{\text{rl}} = \frac{w_{\text{rl}} R' - V_{t\_\text{rl}}}{V_{t\_\text{rl}}} \qquad (2.3)$$

$$\lambda_{\text{rr}} = \frac{w_{\text{rr}} R' - V_{t\_\text{rr}}}{V_{t\_\text{rr}}} \qquad (2.4)$$

其中，R' 为轮胎有效半径；w_{pq} 为车轮 pq 的角速度；V_{t_pq} 为车轮 pq 的中心沿其切面方向的速度。对于本书研究的车辆而言，V_{t_pq} 可以通过对坐标原点处的侧向速度以及纵向速度的坐标变换获得。

$$V_{t\_\text{fl}} = \left(v_x - \frac{b_{\text{f}}}{2}\omega \right)\cos\delta + (v_y + l_{\text{f}}\omega)\sin\delta \qquad (2.5)$$

$$V_{t\_\text{fr}} = \left(v_x + \frac{b_{\text{f}}}{2}\omega \right)\cos\delta + (v_y + l_{\text{f}}\omega)\sin\delta \qquad (2.6)$$

$$V_{t\_\text{rl}} = v_x - \frac{b_{\text{f}}}{2}\omega \qquad (2.7)$$

$$V_{t\_\text{rr}} = v_x + \frac{b_{\text{r}}}{2}\omega \qquad (2.8)$$

其中，b_{f} 为前轴轮距；b_{r} 为后轴轮距，且 $b_{\text{f}} = b_{\text{r}} = b$；$l_{\text{f}}$ 为车辆质心到前轴的距离；v_x 和 v_y 分别为车辆质心的纵向和侧向速度；ω 为车辆横摆角速度；δ 为前轮转向角。

2）轮胎侧偏角 α_{pq}

轮胎行进方向与轮胎切面之间的夹角为轮胎侧偏角 α_{pq}，正方向如图 2.1 所示。

$$\alpha_{\text{fl}} = \delta - \arctan\left(\frac{v_y + l_{\text{f}}\omega}{v_x - \dfrac{b_{\text{f}}}{2}\omega} \right) \qquad (2.9)$$

$$\alpha_{\text{fr}} = \delta - \arctan\left(\frac{v_y + l_{\text{f}}\omega}{v_x + \dfrac{b_{\text{f}}}{2}\omega} \right) \qquad (2.10)$$

$$\alpha_{rl} = -\arctan\left(\frac{v_y - l_r\omega}{v_x - \frac{b_r}{2}\omega}\right) \quad (2.11)$$

$$\alpha_{rr} = -\arctan\left(\frac{v_y - l_r\omega}{v_x + \frac{b_r}{2}\omega}\right) \quad (2.12)$$

其中，l_r 为车辆质心到后轴的距离。

3）轮胎垂直载荷

轮胎垂直载荷是指轮胎与地面之间的垂直作用力，用 F_{s_pq} 表示车辆静止情况下的轮胎垂直静载荷。

$$F_{s\_fl} = F_{s\_fr} = \frac{ml_r g}{2(l_f + l_r)} \quad (2.13)$$

$$F_{s\_rl} = F_{s\_rr} = \frac{ml_f g}{2(l_f + l_r)} \quad (2.14)$$

其中，m 为整车质量；g 为重力加速度。

但在实际行驶中，车辆的制动和转弯以及加速等情况都会引起轮胎垂直载荷的变化，轮胎垂直载荷的不同会造成各个车轮所受地面摩擦力的不同[113]，轮胎载荷会重新分配，用 F_{z_pq} 表示各轮胎的垂直动载荷。

$$F_{z\_fl} = F_{s\_fl} - \frac{mha_x}{2(l_f + l_r)} - \frac{mhl_r a_y}{(l_f + l_r)b_f} \quad (2.15)$$

$$F_{z\_fr} = F_{s\_fr} - \frac{mha_x}{2(l_f + l_r)} + \frac{mhl_r a_y}{(l_f + l_r)b_f} \quad (2.16)$$

$$F_{z\_rl} = F_{s\_rl} + \frac{mha_x}{2(l_f + l_r)} - \frac{mhl_f a_y}{(l_f + l_r)b_r} \quad (2.17)$$

$$F_{z\_rr} = F_{s\_rr} + \frac{mha_x}{2(l_f + l_r)} - \frac{mhl_f a_y}{(l_f + l_r)b_r} \quad (2.18)$$

其中，a_x 和 a_y 分别表示车辆质心的纵向和侧向加速度；h 为车辆质心高度。

2. 刷子轮胎模型[115]

"魔术公式"轮胎模型是在汽车稳定性研究领域中应用非常广泛的一种半经验模型，而刷子轮胎模型的求解参数少于魔术公式等模型，且能比较准确地描述如摩擦椭圆影响和饱和轮胎力等轮胎的非线性特征[116,117]，因此，本书以侧偏和纵滑情况下拟合度都比较好的半经验魔术轮胎模型为基准，建立纵滑侧偏组合刷子轮胎模型，通过对比刷子轮胎模型与魔术轮胎模型在相同工况下的响应曲线，确定刷子轮胎模型选取的合理性。

刷子轮胎模型的计算公式：

$$F_{xpq} = \frac{C_x \left(\frac{\lambda_{pq}}{1+\lambda_{pq}} \right)}{f_{pq}} \cdot F_t \tag{2.19}$$

$$F_{ypq} = -\frac{C_\alpha \left(\frac{\tan\alpha_{pq}}{1+\lambda_{pq}} \right)}{f_{pq}} \cdot F_t \tag{2.20}$$

其中，函数

$$F_t = \begin{cases} f_{pq} - \frac{1}{3\mu F_{z\_pq}} f_{pq}^2 + \frac{1}{27\mu^2 F_{z\_pq}^2} f_{pq}^3, & f_{pq} \leq 3\mu F_{z\_pq} \\ \mu F_{z\_pq}, & 其他 \end{cases} \tag{2.21}$$

变量

$$f_{pq} = \sqrt{C_x^2 \left(\frac{\lambda_{pq}}{1+\lambda_{pq}} \right)^2 + C_\alpha^2 \left(\frac{\tan\alpha_{pq}}{1+\lambda_{pq}} \right)^2} \tag{2.22}$$

$$\lambda_{pq} = \frac{R'w_{pq} - V_{t\_pq}}{V_{t\_pq}} \tag{2.23}$$

刷子轮胎膜型参数见表2.2。

表2.2 刷子轮胎模型参数表

符号	名称
C_x	轮胎纵向刚度
C_α	轮胎侧偏刚度
μ	路面附着系数
F_{xpq}	轮胎纵向力
F_{ypq}	轮胎侧向力

第二节　整车动力学模型

1. 车辆动力学方程[118,119]

本章首先在 Matlab/simulink 中搭建七自由度整车动力学模型，然后在其虚拟环境下仿真，并与 Carsim 软件车辆模型做对比，通过横摆角速度、纵向加速度和侧向加速度三个重要的汽车运动状态量与 Carsim 软件自带的车辆模型在相同方向盘转角输入的情况下，在相同附着系数的路面上，实时对比汽车三个运动状态量的输出曲线图，判断本章所建立的七自由度整车动力学模型能否准确实时地跟踪汽车行驶的实际状态，验证七自由度整车动力学模型的正确有效性。

将前轮转角 δ 作为输入，在不影响汽车侧向稳定性研究分析的准确性与客观性下，做出如下假设：

(1) 坐标原点与车辆质心重合；

(2) 轮胎之间的物理特性没有差异；

(3) 方向盘转动的角度与前轮转动的角度成固定比例关系，即两者满足线性特性；

(4) 忽略悬架系统的影响。

如果忽略轮胎滚动阻力和侧向风力的影响，简化的七自由度整车动力学模型如图 2.2 所示。

纵向力平衡方程：

$$ma_x = m(\dot{v}_x - \omega \cdot v_y)$$
$$= (F_{xfl} + F_{xfr})\cos\delta - (F_{yfl} + F_{yfr})\sin\delta + F_{xrl} + F_{xrr} + F_{wx} \quad (2.24)$$

侧向力平衡方程：

$$ma_y = m(\dot{v}_y + \omega \cdot v_x)$$
$$= (F_{xfl} + F_{xfr})\sin\delta + (F_{yfl} + F_{yfr})\cos\delta + F_{yrl} + F_{yrr} \quad (2.25)$$

绕 z 轴力矩平衡方程：

$$I_z \cdot \dot{\omega} = [(F_{xfl} + F_{xfr})\sin\delta + (F_{yfl} + F_{yfr})\cos\delta]l_f + [(F_{yfl} - F_{yfr})\sin\delta -$$

$$(F_{xfr} - F_{xfl})\cos\delta]\frac{b_f}{2} - (F_{xrr} - F_{xrl})\frac{b_r}{2} - (F_{yrl} + F_{yrr})l_r \quad (2.26)$$

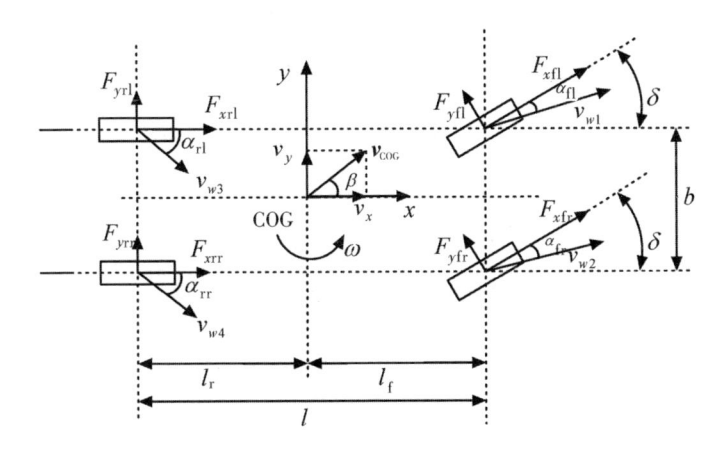

图 2.2 七自由度整车动力学模型

这里，如果忽略风速对车辆系统的影响，则纵向空气阻力 F_{wx} 为

$$F_{wx} = -C_{Dx}A\frac{\rho}{2}v_x^2 \quad (2.27)$$

其中，C_{Dx} 为纵向空气阻力系数；v_x 为车辆质心处纵向车速；A 为车辆前部有效迎风面积；ρ 为空气密度。

四个车轮的力矩平衡方程：

$$I_{wpq} \cdot \dot{w}_{pq} = T_{dpq} - R' \cdot F_{xpq} - T_{bpq} \quad (2.28)$$

七自由度车辆动力学模型参数见表 2.3。

表 2.3 七自由度车辆动力学模型参数表

符号	名称
I_{wpq}	各车轮的转动惯量
T_{dpq}	驱动轮的驱动力矩
T_{bpq}	各车轮的制动力矩
I_z	整车绕 z 轴的转动惯量

2. 轮胎模型与车辆动力学方程的合并

前面几节描述了轮胎模型数学方程和车辆纵向、侧向和横摆运动的动力学方程，本节将通过合并这些方程来获得完整的车辆模型。

联立式(2.1)～式(2.12)，式(2.19)～式(2.23)，代入车辆动力学方程(2.24)～方程(2.28)中并整理，可得

$$a_x = \frac{1}{m}[(F_{xfl} + F_{xfr})\cos\delta - (F_{yfl} + F_{yfr})\sin\delta + F_{xrl} + F_{xrr} + F_{wx}]$$

$$= \frac{1}{m}\left\{\left[\frac{C_x\left(\frac{\lambda_{fl}}{1+\lambda_{fl}}\right)}{f_{fl}} \cdot F_t + \frac{C_x\left(\frac{\lambda_{fr}}{1+\lambda_{fr}}\right)}{f_{fr}} \cdot F_t\right]\cos\delta - \right.$$

$$\left[-\frac{C_\alpha\left(\frac{\tan\alpha_{fl}}{1+\lambda_{fl}}\right)}{f_{fl}} \cdot F_t - \frac{C_\alpha\left(\frac{\tan\alpha_{fr}}{1+\lambda_{fr}}\right)}{f_{fr}} \cdot F_t\right]\sin\delta +$$

$$\left.\frac{C_x\left(\frac{\lambda_{rl}}{1+\lambda_{rl}}\right)}{f_{rl}} \cdot F_t + \frac{C_x\left(\frac{\lambda_{rr}}{1+\lambda_{rr}}\right)}{f_{rr}} \cdot F_t + F_{wx}\right\}$$

$$= \frac{1}{m}\left[\left(C_x\frac{w_{fl}R' - V_{t\_fl}}{w_{fl}R'} \cdot \frac{F_t}{f_{fl}} + C_x\frac{w_{fr}R' - V_{t\_fr}}{w_{fr}R'} \cdot \frac{F_t}{f_{fr}}\right)\cos\delta + \right.$$

$$\left(C_\alpha\frac{V_{t\_fl}\tan\alpha_{fl}}{w_{fl}R'} \cdot \frac{F_t}{f_{fl}} + C_\alpha\frac{V_{t\_fr}\tan\alpha_{fr}}{w_{fr}R'} \cdot \frac{F_t}{f_{fr}}\right)\sin\delta +$$

$$\left.C_x\frac{w_{rl}R' - V_{t\_rl}}{w_{rl}R'} \cdot \frac{F_t}{f_{rl}} + C_x\frac{w_{rr}R' - V_{t\_rr}}{w_{rr}R'} \cdot \frac{F_t}{f_{rr}} + F_{wx}\right]$$

$$= \frac{1}{m}\left\{\left[C_x\frac{w_{fl}R' - \left(v_x - \frac{b_f}{2}\omega\right)\cos\delta - (v_y + l_f\omega)\sin\delta}{w_{fl}R'} \cdot \frac{F_t}{f_{fl}} + \right.\right.$$

$$\left. C_x\frac{w_{fr}R' - \left(v_x + \frac{b_f}{2}\omega\right)\cos\delta - (v_y + l_f\omega)\sin\delta}{w_{fr}R'} \cdot \frac{F_t}{f_{fr}}\right]\cos\delta +$$

$$\left[C_\alpha\frac{\left(v_x - \frac{b_f}{2}\omega\right)\cos\delta + (v_y + l_f\omega)\sin\delta}{w_{fl}R'} \cdot \frac{\tan\alpha_{fl}F_t}{f_{fl}} + \right.$$

$$\left. C_\alpha\frac{\left(v_x + \frac{b_f}{2}\omega\right)\cos\delta + (v_y + l_f\omega)\sin\delta}{w_{fr}R'} \cdot \frac{\tan\alpha_{fr}F_t}{f_{fr}}\right]\sin\delta +$$

第二章 整车动力学建模与验证

$$\left. C_x \frac{w_{rl}R' - v_x + \frac{b_r}{2}\omega}{w_{rl}R'} \cdot \frac{F_t}{f_{rl}} + C_x \frac{w_{rr}R' - v_x - \frac{b_r}{2}\omega}{w_{rr}R'} \cdot \frac{F_t}{f_{rr}} + F_{wx} \right]$$

(2.29)

$$a_y = \frac{1}{m}[(F_{xfl} + F_{xfr})\sin\delta + (F_{yfl} + F_{yfr})\cos\delta + F_{yrl} + F_{yrr})]$$

$$= \frac{1}{m}\left\{\left[\frac{C_x\left(\frac{\lambda_{fl}}{1+\lambda_{fl}}\right)}{f_{fl}} \cdot F_t + \frac{C_x\left(\frac{\lambda_{fr}}{1+\lambda_{fr}}\right)}{f_{fr}} \cdot F_t\right]\sin\delta + \right.$$

$$\left[-\frac{C_a\left(\frac{\tan\alpha_{fl}}{1+\lambda_{fl}}\right)}{f_{fl}} \cdot F_t - \frac{C_a\left(\frac{\tan\alpha_{fr}}{1+\lambda_{fr}}\right)}{f_{fr}} \cdot F_t\right]\cos\delta -$$

$$\left.\frac{C_a\left(\frac{\tan\alpha_{rl}}{1+\lambda_{rl}}\right)}{f_{rl}} \cdot F_t - \frac{C_a\left(\frac{\tan\alpha_{rr}}{1+\lambda_{rr}}\right)}{f_{rr}} \cdot F_t\right\}$$

$$= \frac{1}{m}\left[\left(C_x \frac{w_{fl}R' - V_{t\_fl}}{w_{fl}R'} \cdot \frac{F_t}{f_{fl}} + C_x \frac{w_{fr}R' - V_{t\_fr}}{w_{fr}R'} \cdot \frac{F_t}{f_{fr}}\right)\sin\delta - \right.$$

$$\left(C_a \frac{V_{t\_fl}\tan\alpha_{fl}}{w_{fl}R'} \cdot \frac{F_t}{f_{fl}} + C_a \frac{V_{t\_fr}\tan\alpha_{fr}}{w_{fr}R'} \cdot \frac{F_t}{f_{fr}}\right)\cos\delta -$$

$$\left.C_a \frac{V_{t\_rl}\tan\alpha_{rl}}{w_{rl}R'} \cdot \frac{F_t}{f_{rl}} - C_a \frac{V_{t\_rr}\tan\alpha_{rr}}{w_{rr}R'} \cdot \frac{F_t}{f_{rr}}\right]$$

$$= \frac{1}{m}\left\{\left[C_x \frac{w_{fl}R' - \left(v_x - \frac{b_f}{2}\omega\right)\cos\delta - (v_y + l_f\omega)\sin\delta}{w_{fl}R'} \cdot \frac{F_t}{f_{fl}} + \right.\right.$$

$$\left. C_x \frac{w_{fr}R' - \left(v_x + \frac{b_f}{2}\omega\right)\cos\delta - (v_y + l_f\omega)\sin\delta}{w_{fr}R'} \cdot \frac{F_t}{f_{fr}}\right]\sin\delta -$$

$$\left[C_a \frac{\left(v_x - \frac{b_f}{2}\omega\right)\cos\delta + (v_y + l_f\omega)\sin\delta}{w_{fl}R'} \cdot \frac{\tan\alpha_{fl}F_t}{f_{fl}} + \right.$$

$$\left. C_a \frac{\left(v_x + \frac{b_f}{2}\omega\right)\cos\delta + (v_y + l_f\omega)\sin\delta}{w_{fr}R'} \cdot \frac{\tan\alpha_{fr}F_t}{f_{fr}}\right]\cos\delta -$$

$$\left. C_a \frac{\left(v_x - \frac{b_r}{2}\omega\right)\tan\alpha_{rl}}{w_{rl}R'} \cdot \frac{F_t}{f_{rl}} - C_a \frac{\left(v_x + \frac{b_r}{2}\omega\right)\tan\alpha_{rr}}{w_{rr}R'} \cdot \frac{F_t}{f_{rr}}\right\}$$

(2.30)

$$\dot{\omega} = \frac{1}{I_z}\{[(F_{xfl}+F_{xfr})\sin\delta+(F_{yfl}+F_{yfr})\cos\delta]l_f+[(F_{yfl}-$$
$$F_{yfr})\sin\delta-(F_{xfr}-F_{xfl})\cos\delta]\frac{b_f}{2}-(F_{xrr}-F_{xrl})\frac{b_r}{2}-(F_{yrl}+F_{yrr})l_r\}$$

$$=\frac{1}{I_z}\left\{\left\{\left[\frac{C_x\left(\frac{\lambda_{fl}}{1+\lambda_{fl}}\right)}{f_{fl}}\cdot F_t+\frac{C_x\left(\frac{\lambda_{fr}}{1+\lambda_{fr}}\right)}{f_{fr}}\cdot F_t\right]\sin\delta+\right.\right.$$
$$\left.\left[-\frac{C_\alpha\left(\frac{\tan\alpha_{fl}}{1+\lambda_{fl}}\right)}{f_{fl}}\cdot F_t-\frac{C_\alpha\left(\frac{\tan\alpha_{fr}}{1+\lambda_{fr}}\right)}{f_{fr}}\cdot F_t\right]\cos\delta\right\}l_f+$$
$$\left\{\left[-\frac{C_\alpha\left(\frac{\tan\alpha_{fl}}{1+\lambda_{fl}}\right)}{f_{fl}}\cdot F_t+\frac{C_\alpha\left(\frac{\tan\alpha_{fr}}{1+\lambda_{fr}}\right)}{f_{fr}}\cdot F_t\right]\sin\delta+\right.$$
$$\left.\left[\frac{C_x\left(\frac{\lambda_{fl}}{1+\lambda_{fl}}\right)}{f_{fl}}\cdot F_t-\frac{C_x\left(\frac{\lambda_{fr}}{1+\lambda_{fr}}\right)}{f_{fr}}\cdot F_t\right]\cos\delta\right\}\frac{b_f}{2}+$$
$$\left[\frac{C_x\left(\frac{\lambda_{rl}}{1+\lambda_{rl}}\right)}{f_{rl}}\cdot F_t-\frac{C_x\left(\frac{\lambda_{rr}}{1+\lambda_{rr}}\right)}{f_{rr}}\cdot F_t\right]\frac{b_r}{2}+$$
$$\left.\left[\frac{C_\alpha\left(\frac{\tan\alpha_{rl}}{1+\lambda_{rl}}\right)}{f_{rl}}\cdot F_t+\frac{C_\alpha\left(\frac{\tan\alpha_{rr}}{1+\lambda_{rr}}\right)}{f_{rr}}\cdot F_t\right]l_r\right\}$$

$$=\frac{1}{I_z}\left\{\left[\left(C_x\frac{w_{fl}R'-V_{t\_fl}}{w_{fl}R'}\cdot\frac{F_t}{f_{fl}}+C_x\frac{w_{fr}R'-V_{t\_fr}}{w_{fr}R'}\cdot\frac{F_t}{f_{fr}}\right)\sin\delta-\right.\right.$$
$$\left.\left(C_\alpha\frac{V_{t\_fl}\tan\alpha_{fl}}{w_{fl}R'}\cdot\frac{F_t}{f_{fl}}+C_\alpha\frac{V_{t\_fr}\tan\alpha_{fr}}{w_{fr}R'}\cdot\frac{F_t}{f_{fr}}\right)\cos\delta\right]l_f+$$
$$\left[\left(-C_\alpha\frac{V_{t\_fl}\tan\alpha_{fl}}{w_{fl}R}\cdot\frac{F_t}{f_{fl}}+C_\alpha\frac{V_{t\_fr}\tan\alpha_{fr}}{w_{fr}R'}\cdot\frac{F_t}{f_{fr}}\right)\sin\delta+\right.$$
$$\left.\left(C_x\frac{w_{fl}R'-V_{t\_fl}}{w_{fl}R'}\cdot\frac{F_t}{f_{fl}}-C_x\frac{w_{fr}R'-V_{t\_fr}}{w_{fr}R'}\cdot\frac{F_t}{f_{fr}}\right)\cos\delta\right]\frac{b_f}{2}+$$
$$\left(C_x\frac{w_{rl}R'-V_{t\_rl}}{w_{rl}R'}\cdot\frac{F_t}{f_{rl}}-C_x\frac{w_{rr}R'-V_{t\_rr}}{w_{rr}R'}\cdot\frac{F_t}{f_{rr}}\right)\frac{b_r}{2}+$$
$$\left.\left(C_\alpha\frac{V_{t\_rl}\tan\alpha_{rl}}{w_{rl}R'}\cdot\frac{F_t}{f_{rl}}+C_\alpha\frac{V_{t\_rr}\tan\alpha_{rr}}{w_{rr}R'}\cdot\frac{F_t}{f_{rr}}\right)l_r\right\}$$

$$\begin{aligned}
=\frac{1}{I_z}\Bigg\{\Bigg\{&\left[C_x\frac{w_{\mathrm{fl}}R'-\left(v_x-\frac{b_{\mathrm{f}}}{2}\omega\right)\cos\delta-(v_y+l_{\mathrm{f}}\omega)\sin\delta}{w_{\mathrm{fl}}R'}\cdot\frac{F_t}{f_{\mathrm{fl}}}+\right.\\
&\left.C_x\frac{w_{\mathrm{fr}}R'-\left(v_x+\frac{b_{\mathrm{f}}}{2}\omega\right)\cos\delta-(v_y+l_{\mathrm{f}}\omega)\sin\delta}{w_{\mathrm{fr}}R'}\cdot\frac{F_t}{f_{\mathrm{fr}}}\right]\sin\delta-\\
&\left[C_a\frac{\left(v_x-\frac{b_{\mathrm{f}}}{2}\omega\right)\cos\delta+(v_y+l_{\mathrm{f}}\omega)\sin\delta}{w_{\mathrm{fl}}R'}\cdot\frac{\tan\alpha_{\mathrm{fl}}F_t}{f_{\mathrm{fl}}}+\right.\\
&\left.C_a\frac{\left(v_x+\frac{b_{\mathrm{f}}}{2}\omega\right)\cos\delta+(v_y+l_{\mathrm{f}}\omega)\sin\delta}{w_{\mathrm{fr}}R'}\cdot\frac{\tan\alpha_{\mathrm{fr}}F_t}{f_{\mathrm{fr}}}\right]\cos\delta\Bigg\}l_{\mathrm{f}}+\\
\Bigg\{&\left[-C_a\frac{\left(v_x-\frac{b_{\mathrm{f}}}{2}\omega\right)\cos\delta+(v_y+l_{\mathrm{f}}\omega)\sin\delta}{w_{\mathrm{fl}}R'}\cdot\frac{\tan\alpha_{\mathrm{fl}}F_t}{f_{\mathrm{fl}}}+\right.\\
&\left.C_a\frac{\left(v_x+\frac{b_{\mathrm{f}}}{2}\omega\right)\cos\delta+(v_y+l_{\mathrm{f}}\omega)\sin\delta}{w_{\mathrm{fr}}R'}\cdot\frac{\tan\alpha_{\mathrm{fr}}F_t}{f_{\mathrm{fr}}}\right]\sin\delta+\\
&\left[C_x\frac{w_{\mathrm{fl}}R'-\left(v_x-\frac{b_{\mathrm{f}}}{2}\omega\right)\cos\delta-(v_y+l_{\mathrm{f}}\omega)\sin\delta}{w_{\mathrm{fl}}R'}\cdot\frac{F_t}{f_{\mathrm{fl}}}-\right.\\
&\left.C_x\frac{w_{\mathrm{fr}}R'-\left(v_x+\frac{b_{\mathrm{f}}}{2}\omega\right)\cos\delta-(v_y+l_{\mathrm{f}}\omega)\sin\delta}{w_{\mathrm{fr}}R'}\cdot\frac{F_t}{f_{\mathrm{fr}}}\right]\cos\delta\Bigg\}\frac{b_{\mathrm{f}}}{2}+\\
&\left(C_x\frac{w_{\mathrm{rl}}R'-v_x+\frac{b_{\mathrm{r}}}{2}\omega}{w_{\mathrm{rl}}R'}\cdot\frac{F_t}{f_{\mathrm{rl}}}-C_x\frac{w_{\mathrm{rr}}R'-v_x-\frac{b_{\mathrm{r}}}{2}\omega}{w_{\mathrm{rr}}R'}\cdot\frac{F_t}{f_{\mathrm{rr}}}\right)\frac{b_{\mathrm{r}}}{2}+\\
&\left(C_a\frac{v_x-\frac{b_{\mathrm{r}}}{2}\omega}{w_{\mathrm{rl}}R'}\cdot\frac{\tan\alpha_{\mathrm{rl}}F_t}{f_{\mathrm{rl}}}+C_a\frac{v_x+\frac{b_{\mathrm{r}}}{2}\omega}{w_{\mathrm{rr}}R'}\cdot\frac{\tan\alpha_{\mathrm{rr}}F_t}{f_{\mathrm{rr}}}\right)l_{\mathrm{r}}\Bigg\} \quad (2.31)
\end{aligned}$$

从式(2.29)~式(2.31)可以看出，a_x、a_y 和 $\dot{\omega}$ 可以用纵向车速 v_x、侧向车速 v_y、车辆横摆角速度 ω、四个车轮角速度 w_{ij}、前轮转向角 δ 和路面附着系数 u 为参变量的非线性函数来表示。至此，已经建立了包括车辆纵向、侧向和横摆运动在内的轮胎非线性特性的七自由度车辆非线性动力学模型，

· 27 ·

可以描述极限工况下轮胎在非线性区域时的车辆动力学特性。

第三节 二自由度车辆模型

由汽车稳定性控制的基本思想可知，汽车稳定性控制系统通过检测汽车实际状态变量与期望值比较，来判断汽车动力学稳定性，阻止汽车进入非稳定工况。而期望值是期望行驶状态所确定的，驾驶员要想准确地操控汽车，汽车的响应如横摆角速度、质心侧偏角等必须与方向盘转角满足一种线性关系，而汽车的线性二自由度车辆模型没有考虑轮胎的非线性特性，它们之间满足线性关系，是汽车行驶的期望状态[120]。根据汽车理论相关内容建立线性二自由度参考模型，如图2.3所示。

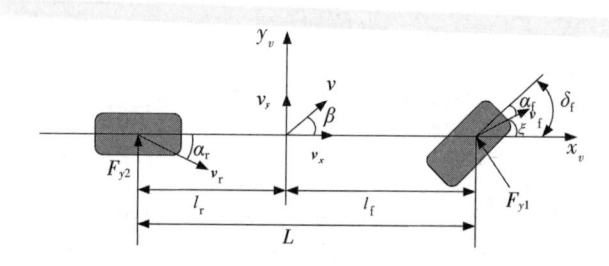

图2.3 二自由度整车动力学模型

在建立只有侧向运动与绕 x_v 轴的横摆运动两个自由度模型时，认为轮胎之间的物理特性没有差异，认为汽车沿轴的速度不变，方向盘转动的角度与前轮转动的角度 δ_f 成固定比例关系，即两者满足线性特性，忽略空气阻力对汽车行驶状态的影响，忽略悬架系统的影响，其模型建立如下：

质心绝对加速度在横轴 x_v 上的分量为

$$a_x = \dot{v}_x - v_y \omega \tag{2.32}$$

质心绝对加速度在纵轴上 y_v 的分量为

$$a_y = \dot{v}_y + v_x \omega \tag{2.33}$$

动力学方程为

$$m(\dot{v}_y + v_x \omega) = F_{y1} \cos\delta_f + F_{y2} \tag{2.34}$$

$$I_x\dot{\omega}=l_fF_{y1}\cos\delta_f-l_rF_{y2} \tag{2.35}$$

其中，F_{y1} 为前轮侧向力；F_{y2} 为后轮侧向力。

考虑到 δ_f 角度不大，将上述方程式改写为

$$m(\dot{v}_y+v_x\omega)=F_{y1}+F_{y2} \tag{2.36}$$

$$I_z\dot{\omega}=l_fF_{y1}-l_rF_{y2} \tag{2.37}$$

若前、后轮的速度分别为 v_f、v_r，侧偏角分别为 α_f、α_r，质心侧偏角为 β，则有

$$\beta=\frac{v_y}{v_x} \tag{2.38}$$

设 ξ 是 v_f 与 x_v 轴夹角，则有

$$\xi=\frac{v_y+l_f\omega}{v_x}=\beta+\frac{l_f\omega}{v_x} \tag{2.39}$$

根据坐标系规定，前后轮侧偏角为

$$\alpha_f=-(\delta_f-\xi)=\beta+\frac{l_f\omega}{v_x}-\delta_f \tag{2.40}$$

$$\alpha_r=\frac{v_y-l_r\omega}{v_x}=\beta-\frac{l_r\omega}{v_x} \tag{2.41}$$

在线性轮胎模型中，侧向力 F_{y1}、F_{y2} 是轮胎侧偏角 α_f、α_r 和侧偏刚度 C_{af}、C_{ar} 的乘积。故式(2.34)、式(2.35)变成：

$$m(\dot{v}_y+v_x\omega)=C_{af}\alpha_f+C_{ar}\alpha_r \tag{2.42}$$

$$I_z\dot{\omega}=l_fC_{af}\alpha_f+l_rC_{ar}\alpha_r \tag{2.43}$$

将式(2.40)和式(2.41)代入式(2.42)和式(2.43)，整理后得二自由度汽车运动微分方程

$$(C_{af}+C_{ar})\beta+\frac{1}{v_y}(l_fC_{af}-l_rC_{ar})\omega-C_{af}\delta_f=m(\dot{v}_y+v_x\omega) \tag{2.44}$$

$$(l_fC_{af}-l_rC_{ar})\beta+\frac{1}{v_x}(l_f^2C_{af}+l_r^2C_{ar})\omega-l_fC_{af}\delta_f=I_z\dot{\omega} \tag{2.45}$$

其中，C_{af}、C_{ar} 为前、后车轮的侧偏刚度。

汽车等速圆周行驶时，稳态时横摆角速度 ω 为定值，此时 $\dot{v}_y=0$，$\dot{\omega}=0$，

以此代入式(2.44)和式(2.45)得

$$(C_{af}+C_{ar})\frac{v_y}{v_x}+\frac{1}{v_x}(l_fC_{af}-l_rC_{ar})\omega-C_{af}\delta_f=mv_x\omega \quad (2.46)$$

$$(l_fC_{af}-l_rC_{ar})\frac{v_y}{v_x}+\frac{1}{v_x}(l_f^2C_{af}+l_r^2C_{ar})\omega-l_fC_{af}\delta_f=0 \quad (2.47)$$

将式(2.46)和式(2.47)联立消去 v_y，得到一定侧向速度 v_y 下的稳态横摆角速度和质心侧偏角：

$$\omega=\frac{\delta_f\cdot v_x/L}{1+\dfrac{m}{L^2}\left(\dfrac{l_f}{C_{ar}}-\dfrac{l_r}{C_{af}}\right)v_x^2}=\frac{\delta_f\cdot v_x/L}{1+K'v_x^2} \quad (2.48)$$

$$\beta=\delta_f\left[\frac{l_r}{L(1+K'v_x^2)}+\frac{ml_fv_x^2}{C_{ar}L^2(1+K'v_x^2)}\right]=\frac{l_r-ml_fv_x^2/(C_{ar}L)}{L(1+K'v_x^2)}\delta_f$$

$$(2.49)$$

其中，$K'=\dfrac{m}{L^2}\left(\dfrac{l_f}{C_{ar}}-\dfrac{l_r}{C_{af}}\right)$，被称为稳定性因数，单位为 s^2/m^2。

第四节 整车动力学仿真及验证

针对本书研究对象的动力学模型，为了充分检验其正确性，考虑本书研究的极限工况，如车辆在高速行驶时进行突然转向或制动等危险工况时，实车道路试验将存在很高的危险性。为此，本书将成熟车辆动力学仿真软件Carsim 自带的相应车辆模型与本书搭建的不同自由度的车辆模型进行对比，以验证模型的有效性。

1. 轮胎模型的仿真分析

魔术公式是通过三角函数的组合公式拟合试验轮胎数据得到的半经验轮胎模型且具有很高的拟合精度[121,122]。通过与魔术轮胎公式的对比分析，来检验刷子轮胎模型在不同工况下的有效性。

分析轮胎工作在纯纵滑和纯侧偏工况下的情况。在纯纵滑工况下，轮胎的侧偏角为零，而在纯侧偏工况下，轮胎的纵向滑移率为零。设路面附着系数为0.85,分析轮胎在不同垂直载荷下纵向力和侧向力曲线特性。

(1)垂直载荷$F_{z\_pq}=1\,500\,\text{N}$时纵向力$F_{xpq}$与纵向滑移率$\lambda_{zpq}$的关系:

由图2.4看出,在侧偏角为零的情况下,刷子轮胎纵向力变化趋势和魔术轮胎公式曲线变化一致,且相差较小。

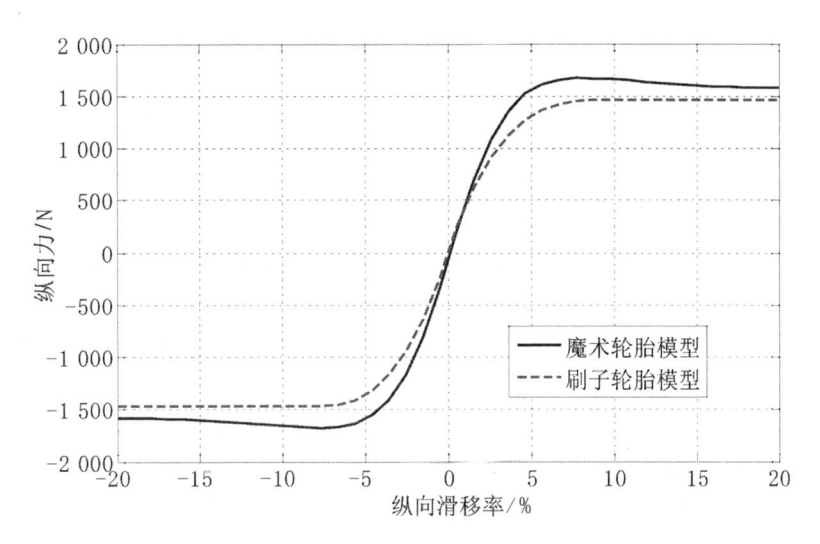

图2.4 载荷1 500 N魔术轮胎和刷子轮胎纵向力与纵向滑移率的关系图

(2)垂直载荷$F_{z\_pq}=1\,500\,\text{N}$时侧偏力$F_{ypq}$与侧偏角$\alpha_{pq}$的关系:

由图2.5看出,在滑移率为0.02的情况下,刷子轮胎侧向力变化趋势和魔术轮胎公式曲线变化一致,重合部分较多且相差较小。

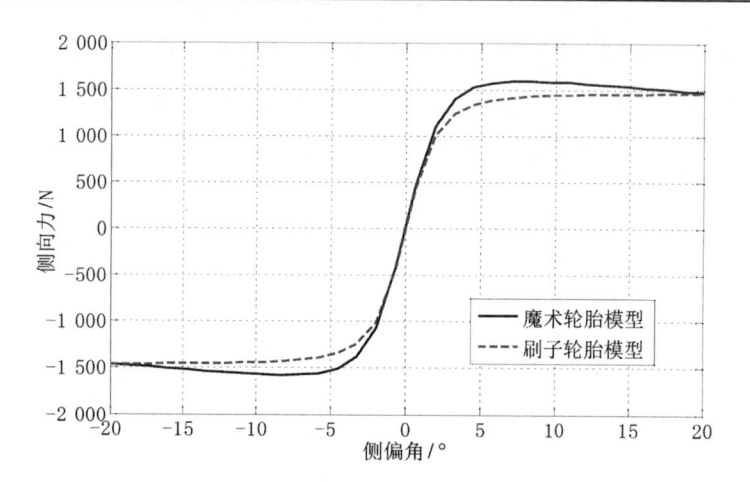

图 2.5　载荷 1 500 N 魔术轮胎和刷子轮胎侧向力与侧偏角对比图

(3)垂直载荷 $F_{z\_pq}=4\,500$ N 时纵向力 F_{xpq} 与纵向滑移率 λ_{zpq} 的关系：

由图 2.6 看出，在侧偏角为零的情况下，刷子轮胎纵向力变化趋势和魔术轮胎公式曲线变化总体一致，在线性部分存在一定偏差，在非线性部分贴合较好。

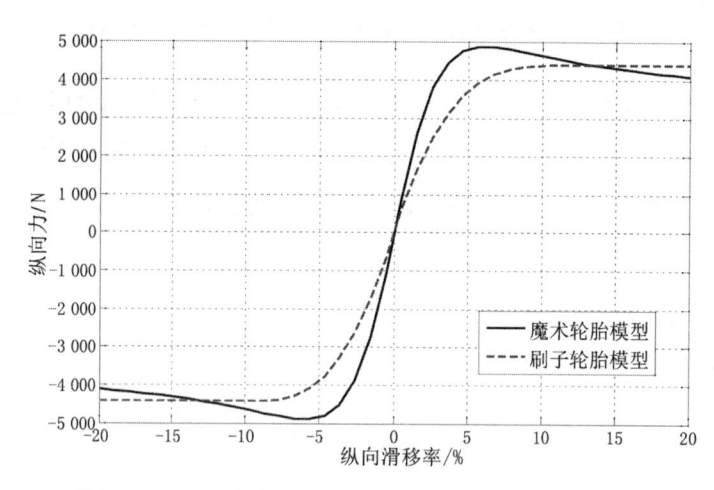

图 2.6　载荷 4 500 N 时魔术轮胎和刷子轮胎纵向力与纵向滑移率的关系图

(4)垂直载荷 $F_{z\_pq}=4\,500$ N 时侧向力 F_{ypq} 与侧偏角 α_{pq} 的关系：

由图 2.7 看出，在滑移率为 0.02 的情况下，刷子轮胎侧向力变化趋势和魔术轮胎公式曲线变化一致，线性部分重合部分较多且相差较小，在非线性部分部分重合，且相差较小。

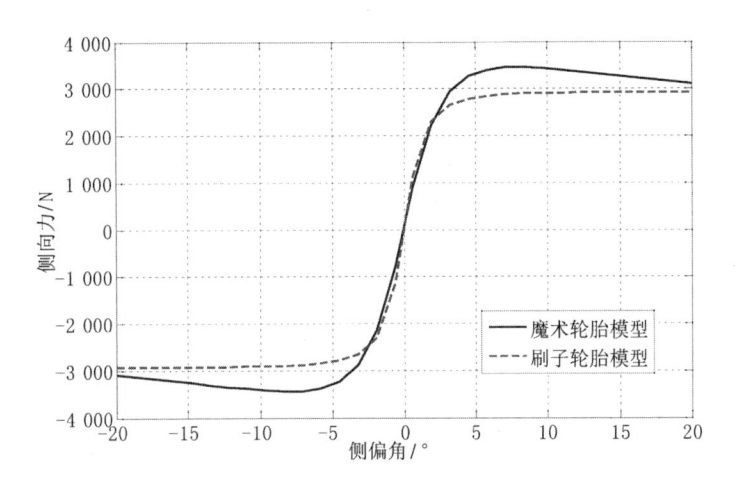

图 2.7　载荷 4 500 N 时魔术轮胎和刷子轮胎侧向力与侧偏角关系对比图

综合上述分析，在不同载荷下，刷子轮胎模型和魔术轮胎公式在纵滑和侧偏条件下整体曲线一致，在部分区域存在偏差，且偏差较小，较好地反映了轮胎的线性和非线性特性，故本书采用刷子轮胎模型作为研究对象。

2. 整车动力学模型的仿真试验验证

本节将基于上述车辆动力学模型进行虚拟试验验证。针对本书的主要研究内容，选取 3 种不同附着系数的路面进行直线工况和蛇形工况相结合的极端工况试验车辆的动态响应，通过与 Carsim 软件里成熟车辆动力学模型做对比，分析本书建立的整车动力学模型的相关特性，该车辆模型的结构参数如表 2.4 所示。

图 2.8 中 A 部分为前轮转角变化曲线生成模块，产生直线和正弦变化的前轮输入曲线如图 2.9 所示；B 部分为车身动力学模型，即公式(2.24)～公式(2.28)部分；C 部分为轮胎输入变量计算模块，即公式(2.1)～公式(2.18)部分；D 部分为刷子轮胎模型，即公式(2.19)～公式(2.23)部分。刷子轮胎模型输出每个轮子的侧向力和纵向力，车身动力学模型将刷子轮胎模型的输出和前轮转角变化曲线生成模块输出作为它的输入，计算横摆角速度、侧向加速度和纵向加速度等汽车行驶状态变量，车身动力学模型的输出作为轮胎

模型输入变量计算模块输入,刷子轮胎模型的输入作为轮胎模型输入变量计算模块的输出,由此,B、C、D 三部分的输入和输出构成完整动力学闭环,将 A 部分输出同时作用在 Carsim 动力学模型和自己搭建动力学模型(B、C、D 三部分)上,通过运行仿真实时对比本书车辆动力学模型与 Carsim 软件自带模型状态响应曲线变化,如图 2.10～图 2.12 所示。

表 2.4 车辆模型结构参数

符号	名称	单位
m	质量	1 653 kg
b_f	前轴距	1.88 m
b_r	后轴距	1.88 m
l_f	质心至前轴距离	1.40 2m
l_r	质心至后轴距离	1.646 m
I_z	质心绕 z 轴的转动惯量	2 765 kg·m²
L	车长	4.85 m
W	车宽	2.75 m
A	汽车正面迎风面积	2.51 m²
h	质心离地高度	0.518 m
C_{af}	前轮总侧偏刚度	-1.08×10^5 N/rad
C_{ar}	后轮总侧偏刚度	-1.37×10^5 N/rad
I_{wpq}	车轮转动惯量	0.83 kg·m²
R'	车轮有效半径	0.359 m

Matlab/Simulink 搭建整车动力学模型与 Carsim 软件模型仿真对比验证如图 2.8 所示。

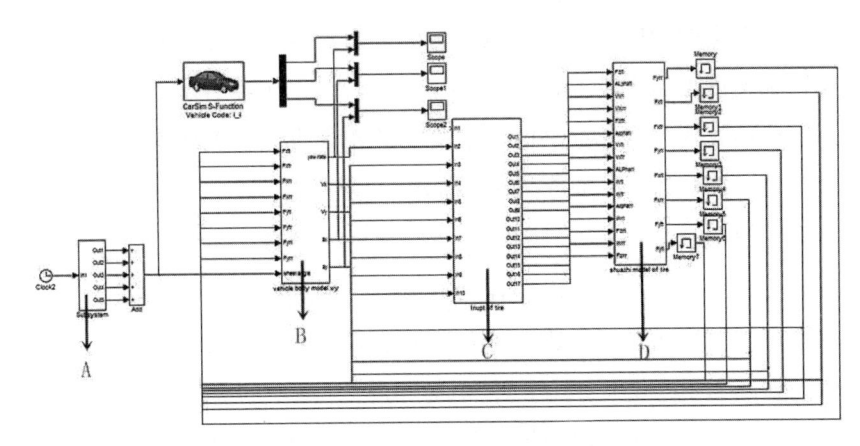

图 2.8 七自由度整车动力学模型仿真验证图

前轮转角变化如图 2.9 所示，在 0~3 s 前轮转角为零，在 3~10 s 内进行周期为 2 s 幅值为 2 的正弦变化，在 10~13 s 内前轮转角为零，13~18 s 内进行周期为 2 s、幅值为 2 的正弦变化，在 18~20 s 内前轮转角为零。

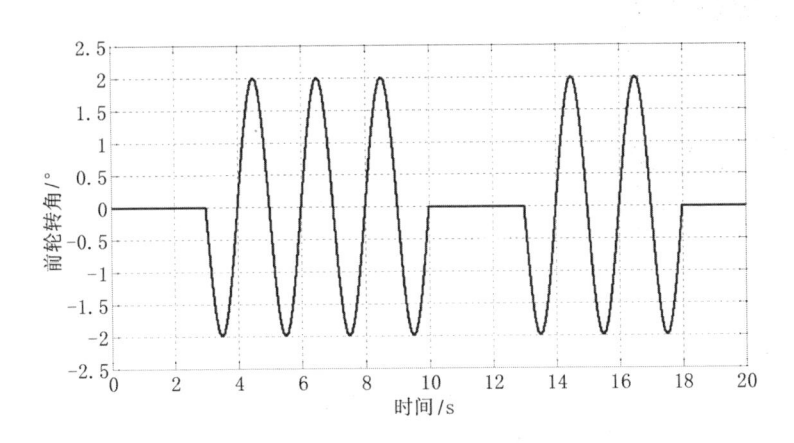

图 2.9 前轮转角输入

(1)如图 2.10 所示，路面附着系数为 0.85，给 Carsim 模型和本书建立模型同时输入相同的前轮转角变化，对比横摆角速度、纵向加速度和侧向加速度的曲线变化。

仿真时固定节气门开度为 27% 即车辆仿真时一直做加速运动，随着时间的推移，车速越来越高，在相同幅值的正弦前轮转角的作用下，在相同的时间间隔内，车辆的侧向位移越来越大，横摆角速度幅值也必然越来越大，对应的侧向加速度也越来越大，如图 2.10(a)和图 2.10(c)所示。在 10～13 s 和 18～20 s 内前轮转角变化都是由正弦曲线转变为直线，但横摆角速度和侧向加速度没有立即变为 0，而是存在相位滞后缓慢连续逼近于 0，最后到达 0，这是由于车辆本身是一个时滞系统。当路面附着系数一定时，路面所能提供最大附着力一定，当侧向加速度越来越大即侧向力越来越大，由力的平行四边形定则可知，纵向力越来越小，由动力学关系可知纵向加速度有越来越小的趋势，如图 2.10(b)所示。图 2.10(a)和图 2.10(c)的曲线在 14～18 s 内变化趋势一致，表明此时轮胎处于线性区域。图 2.10 横摆角速度、侧向加速度和纵向加速度曲线变化与 carsim 输出曲线的变化基本一致，较好地反映了车辆运行状态。

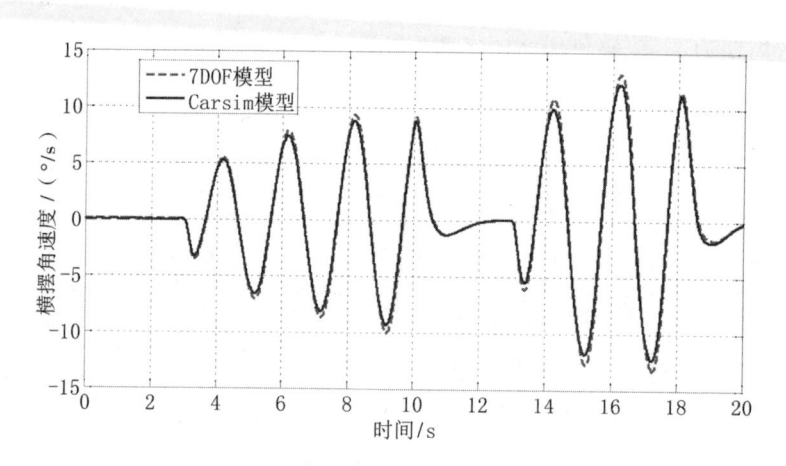

(a)横摆角速度-时间变化图

图 2.10 附着系数 0.85 的七自由度模型和 Carsim 模型的横摆角速度、纵向加速度、侧向加速度曲线对比图

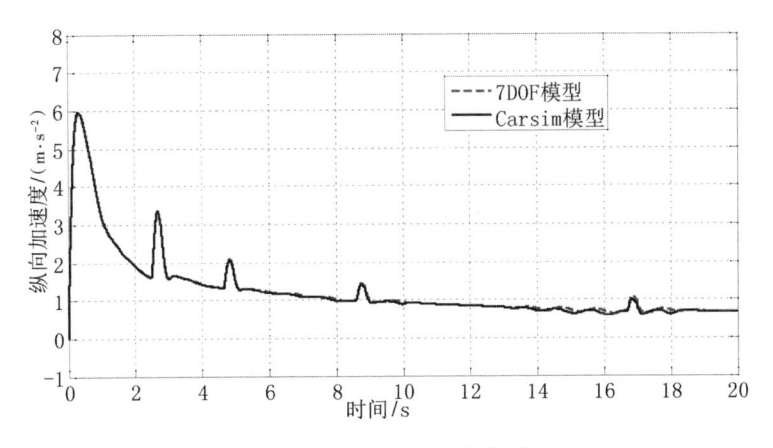

(b)纵向加速度-时间变化图

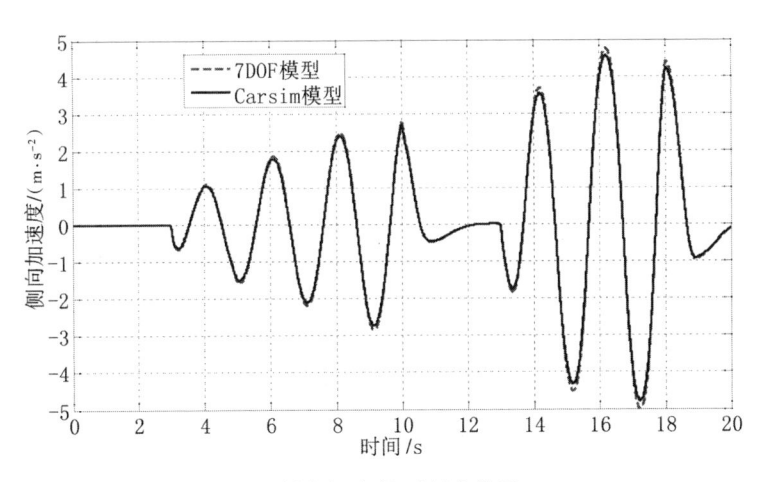

(c)侧向加速度-时间变化图

图 2.10　附着系数 0.85 的七自由度模型和 Carsim 模型的
横摆角速度、纵向加速度、侧向加速度曲线对比图(续)

(2)如图 2.11 所示，路面附着系数为 0.45，给 Carsim 模型和本书建立模型同时输入相同前轮转角变化，对比横摆角速度和纵向加速度、侧向加速度曲线变化。

图 2.11 中曲线与图 2.10 总体变化一致，变化原因同图 2.10 解释，但图 2.11(a)和图 2.11(c)中曲线在 14~18 s 内变化趋势不一致，横摆角速度幅值越来越大，而侧向加速度幅值先增大在减小，表明此时轮胎开始进入非线性区域。图 2.10 横摆角速度、侧向加速度和纵向加速度曲线的变化与 Carsim

输出曲线的变化基本一致，较好地反映了车辆运行状态。

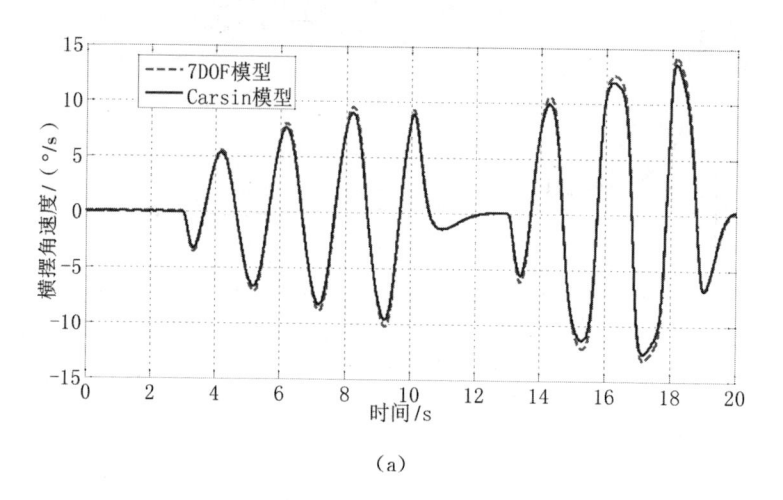

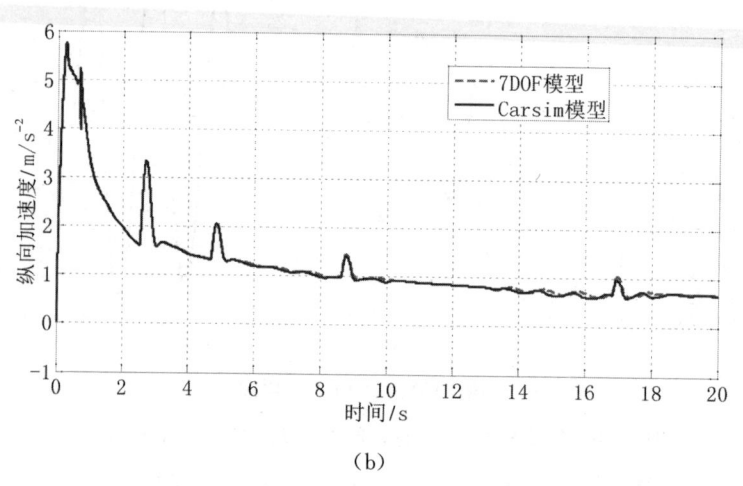

（a）

（b）

图 2.11 附着系数 0.6 的七自由度模型和 Carsim 模型的
横摆角速度、纵向加速度和侧向加速度曲线对比图

[图表：附着系数0.6的七自由度模型和Carsim模型的侧向加速度对比曲线]

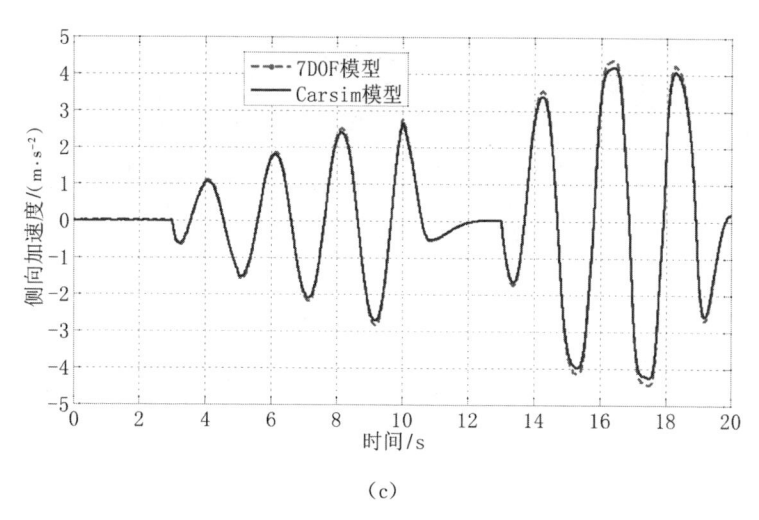

(c)

图2.11 附着系数0.6的七自由度模型和Carsim模型的
横摆角速度、纵向加速度和侧向加速度曲线对比图(续)

(3)如图2.12，路面附着系数为0.2，给Carsim模型和本书建立模型同时输入相同前轮转角变化，给出了横摆角速度、纵向加速度、侧向加速度的对比曲线变化。

图2.12曲线的总体变化趋势和相位滞后的原因参考图2.10解释，但在低附着系数路面上，轮胎早早进入非线性区域，图2.12(a)中在4～10 s内，曲线变化近似呈正弦变化但曲线已经不光滑，在14～18 s内，表现出严重非线性特征，曲线已不再是正弦变化，出现如此变化主要是由轮胎的非线性引起。在17～20 s内，横摆角速度曲线出现剧烈波动，出现此变化是由于此时车辆已发生甩尾，处于危险工况所致。图2.12(a)和图2.12(c)曲线在14～18 s内变化趋势不一致，横摆角速度幅值越来越大，而侧向加速度幅值先增大在减小，同样是由于轮胎的非线性导致。图2.12(b)和图2.10(a)曲线在18～20 s内与Carsim输出曲线对比有一点偏差，说明模型在极限工况的状态表征有部分欠缺。图2.12横摆角速度、侧向加速度和纵向加速度曲线变化与Carsim输出曲线变化基本一致，较好地反映了车辆运行状态。

(a)

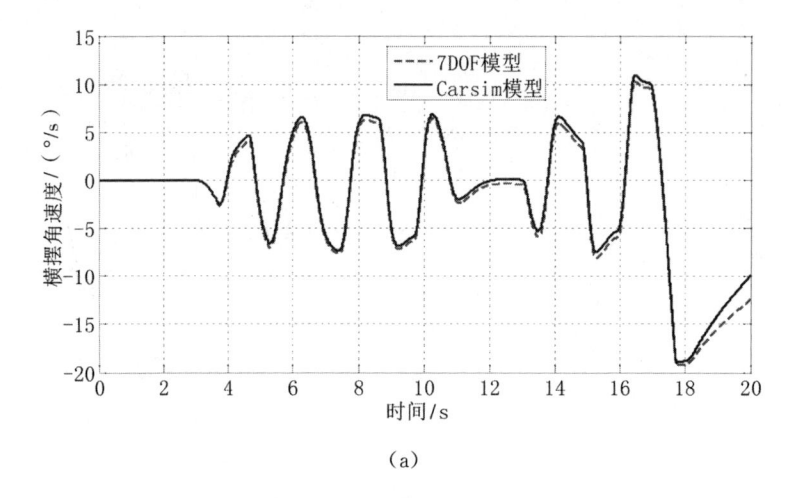

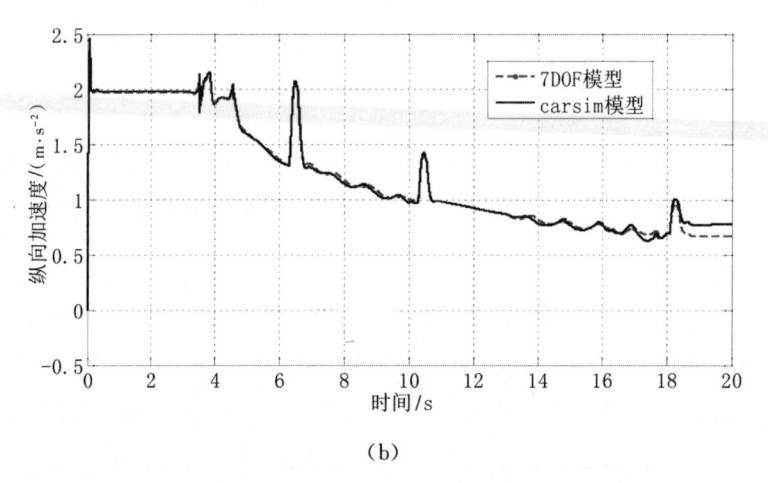

(b)

图 2.12　附着系数 0.2 的七自由度模型和 Carsim 模型的横摆角速度、纵向加速度、侧向加速度曲线对比图

第二章 整车动力学建模与验证

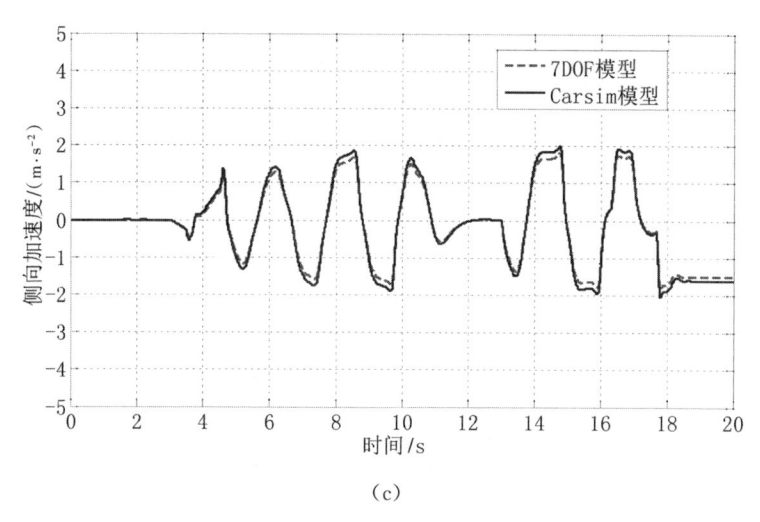

（c）

图 2.12 附着系数 0.2 的七自由度模型和 Carsim 模型的横摆角速度、纵向加速度、侧向加速度曲线对比图（续）

从以上三种不同路面的危险驾驶工况的试验结果中可以看出，本章建立的非线性车辆动力学模型的输出都能够较好地逼近 Carsim 动力学模型的结果。由于在极限工况下进行实车试验是非常困难的，但结合对轮胎模型在各种工况下的仿真分析以及对车辆模型在典型工况下的试验验证，可以证明本章建立的非线性车辆动力学模型能够描述车辆在常规及极限工况下的动力学特性，从而为后面章节的研究提供了良好的车辆系统模型。

3. 二自由度与七自由度稳定性分析

本节对比分析上文建立的不同自由度车辆动力学模型在相同方向盘转角输入下，质心侧偏角和横摆角速度对应的响应情况。设定汽车纵向车速为 83 km/h，在路面附着系数分别为 0.85 和 0.2 的路面上行驶，设定的正弦变化方向盘转角如图 2.13 所示。

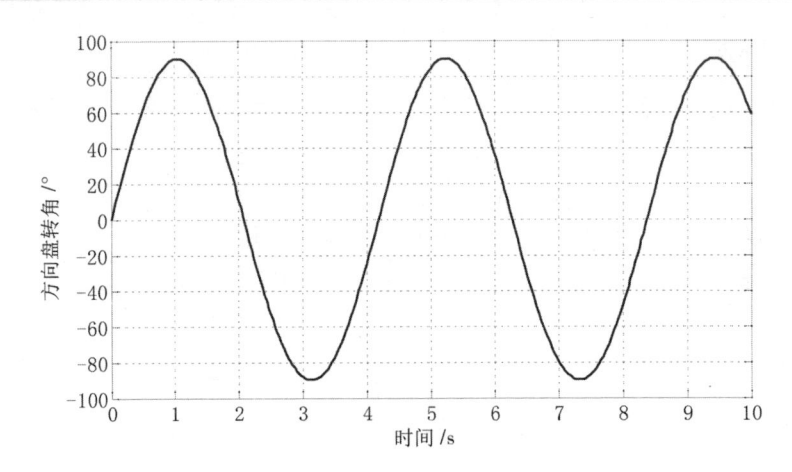

图 2.13 方向盘转角

在路面附着系数为 0.85 的路面上，不同自由度模型仿真结果如图 2.14 和图 2.15 所示。

如图 2.15 所示，七自由度模型横摆角速度和质心侧偏角状态变量在跟随方向盘转角过程中有一定的相位滞后，且七自由度横摆角速度曲线的幅值比二自由度模型要低，可能车辆处于危险工况了，但七自由度模型认为车辆处于稳定状态，故按二自由度模型来进行稳定性判断的安全阈值更高。

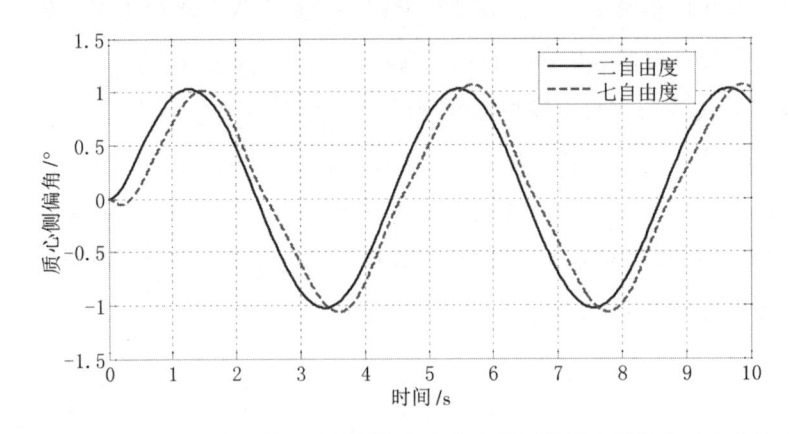

图 2.14 附着系数 0.85 路面的二自由度和七自由度模型的质心侧偏角响应曲线对比图

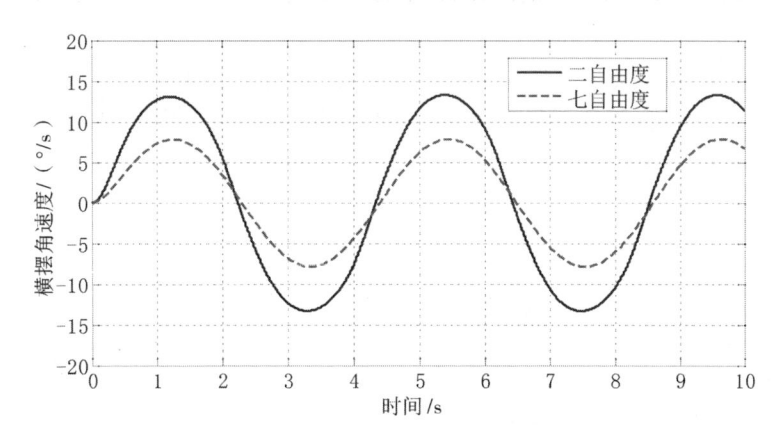

图 2.15　附着系数 0.85 路面的二自由度和七自由度模型的横摆角速度响应曲线对比图

在路面附着系数为 0.2 的路面上不同自由度模型仿真结果如图 2.16 所示。

如图 2.17 所示，在低附着路面上，汽车侧向力容易达到上限值，刷子轮胎工作在非线性区域，七自由度车辆模型的横摆角速度在跟随方向盘转角的过程中出现跟踪超前，而质心侧偏角出现跟踪滞后的情况，不能满足驾驶员实时准确地操纵汽车的需要，汽车的响应如横摆角速度、侧偏角等必须与方向盘转角满足一种线性关系的要求且幅值都低于二自由度模型，曲线的跟踪表现出严重的非线性特性。

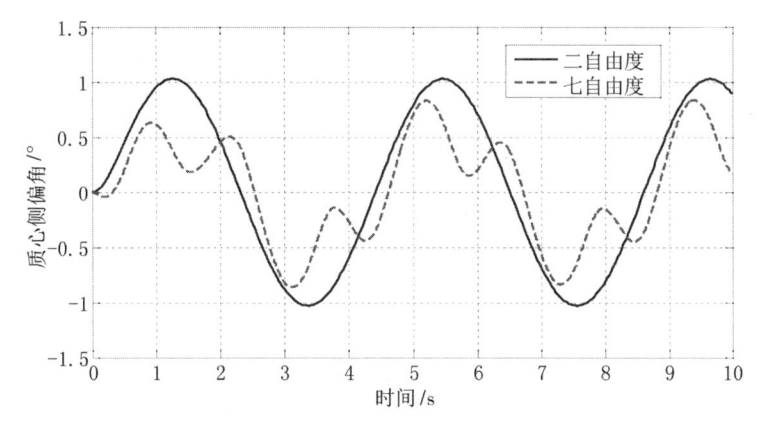

图 2.16　附着系数 0.2 路面的二自由度和七自由度模型的质心侧偏角响应曲线对比图

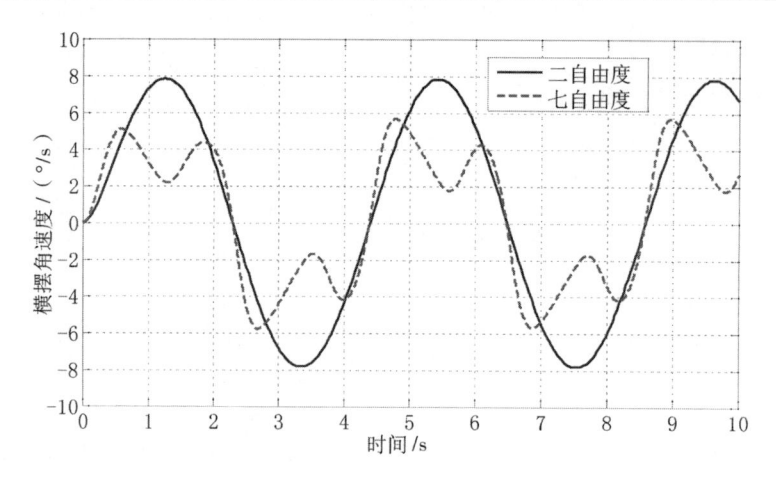

图 2.17　附着系数 0.2 路面的二自由度和七自由度模型的横摆角速度响应曲线对比图

通过二自由度模型和七自由度模型在相同方向盘转角情况下，二自由度模型在高附着系数路面和低附着系数路面都能较好地跟踪驾驶员的实时操纵，七自由度模型由于轮胎的非线性，不能线性跟踪驾驶员的实时操纵。由汽车稳定性控制的基本思想知道，汽车稳定性控制系统通过检测汽车实际状态变量与期望值比较，来判断汽车动力学稳定性，阻止汽车进入非稳定工况，则要求驾驶员的操纵和汽车的响应为一种线性关系，才能实时检测和控制车辆，故在进行车辆稳定性分析时采用二自由度模型来进行分析，即本书第四章稳定性分析采用二自由度模型而非七自由度模型，在此特意解释与说明。

第五节　本章小结

本章首先以半经验魔术轮胎模型为基准，通过对比刷子模型与魔术轮胎模型在相同工况下的纵向滑移率与侧偏力的响应曲线，确定刷子轮胎模型选取的合理性。其次，针对车身建立考虑纵向和侧向以及横摆角速度的三自由度动力学模型，通过车身动力学模型，考虑轮胎转动的自由度，将轮胎模型结合车身动力学模型建立整车七自由度动力学模型，通过成熟动力学软件 Carsim 进行对比仿真，验证动力学模型的正确性与有效性，进行直线与蛇形交叉虚拟道路试验等测试，结果表明所建立车辆动力学模型能较好地跟踪各种工况响应。最后，根据汽车稳定性控制的需要，建立了线性二自由度车辆模型，验证了二自由度模型较七自由度模型在稳定性控制方面效果更好，为后续研究打下基础。

第三章 汽车关键状态估计、路径规划与换道控制策略研究

稳定性和安全距离是汽车避撞过程中需要考虑的两个主要因素,判断稳定性需要实时得到汽车的关键状态变量,为此,本章首先通过相关优化算法进行汽车状态估计。传统的纵向安全距离模型和路径规划的建立大部分都基于较理想的道路状况,在实际应用时有一定的局限性,本章针对高速公路紧急条件,在双车道多车情况下,基于传统安全距离模型建立高速公路复杂路况的纵向安全距离模型和侧向路径规划模型。

第一节 基于蚁群优化的 UKF 汽车关键状态估计

为了提高基于非线性汽车动力学模型状态估计算法的鲁棒性与估计精度,本书提出一种基于蚁群优化算法的 UKF 状态估计自适应滤波算法,该算法将蚁群算法与 UKF 算法进行巧妙结合,运用蚁群算法的寻优功能,通过合适地选择目标函数对过程噪声和观测噪声的协方差矩阵进行寻优运算,实现算法的自适应,提高算法的鲁棒性和估计精度。

1. 蚁群优化 UKF 算法

1)蚁群算法

蚁群算法是意大利学者 Dorigo 受蚂蚁觅食时的路径选择行为启发提出的。蚂蚁通过行走不同的地点转移,t 时刻蚂蚁从位置 i 向位置 j 的转移概率 $M_{ij}(t)$ 为[123,124]

$$M_{ij}(t) = \begin{cases} \dfrac{\tau_{ij}^B(t)\eta^{A'}_{ij}(t)}{\sum\limits_{r \in \text{allowed}} \tau_{ir}^B(t)\eta^{A'}_{ir}(t)} & j \in \text{allowed} \\ 0 & \text{others} \end{cases} \quad (3.1)$$

其中，$\tau_{ij}(t)$ 为 t 时刻蚂蚁 i 邻域内的信息素轨迹强度；η_{ij} 为蚂蚁由位置 i 转移到位置 j 的启发程度，也称为能见度；r 为蚂蚁允许到达的位置；allowed 为蚂蚁下一步可以选择的位置的集合；B 表示轨迹的相对重要性，反应蚁群在运动过程中所积累的信息对蚁群整体运动的影响，该数值越大，该蚂蚁越倾向于选择其他蚂蚁经过的路径；A' 表示能见度的相对重要性。

由式(3.1)可知，转移概率与 η_{ij} 和 τ_{ij} 成正比。同时在寻优过程中，信息素是可以挥发的，定义 $\rho' \in [0,1]$ 为信息素残留系数，表示信息素物质的持久性，则 $1-\rho'$ 为信息素的挥发度。一次循环完成后，$t+1$ 时刻蚁群在所移动路径上的信息素强度 $\tau_{Z\delta}(t+1)$ 按照以下规律进行更新调整：

$$\begin{cases} \tau_{ij}(t+1) = (1-\rho)\tau_{ij}(t) + \Delta\tau_{ij}(t, t+1) \\ \Delta\tau_{ij}(t, t+1) = \sum\limits_{p=1}^{N} \Delta\tau_{ij}(t, t+1) \end{cases} \quad (3.2)$$

其中，$\Delta\tau_{ij}(t, t+1)$ 为第 p 只蚂蚁在本次循环过程中留在路径 i,j 上的信息素。路径越短，信息素释放就越多。

2) UKF 算法

(1) 均值和方差的初始化：

$$\bar{x}_0 = E(x_0) \quad (3.3)$$

$$P_0 = E[(x_0 - \bar{x})(x_0 - \bar{x})^T] \quad (3.4)$$

(2) 计算 Sigma 点 $k = 0, 1, 2, \cdots$。k 指的是取值的类型是自然数，$2n+1$ 指的是总个数。

根据式(3.3)和式(3.4)产生 $2n+1$ 个 Sigma 点(列向量)组成的矩阵 $\boldsymbol{\chi}_k$。

$$\boldsymbol{\chi}_k = [\boldsymbol{x}_{k|k}, \boldsymbol{x}_{k|k} + \sqrt{(n+\lambda)\boldsymbol{P}_{k|k}}, \boldsymbol{x}_{k|k} - \sqrt{(n+\lambda)\boldsymbol{P}_{k|k}}] \quad (3.5)$$

其中，n 为状态变量的维数；$\lambda = a^2(n+k) - n$ 为缩放比例参数。

(3) 时间更新过程

由非线性系统状态方程对各个 Sigma 点进行非线性变换：

$$\chi_{k+1|k} = f(\chi_{k|k}, u_k) \tag{3.6}$$

状态预测：

$$x_{k+1|k} = \sum_{i=0}^{2n} W_i^m \chi_{i, k+1|k} \tag{3.7}$$

其中，W_i^m 整体指的是均值的权。

方差阵预测：

$$(P)_{k+1|k} = \sum_{i=0}^{2n} W_i^c (\chi_{i, k+1|k} - x_{k+1|k})(\chi_{i, k+1|k} - x_{k+1|k})^T + Q \tag{3.8}$$

其中，W_i^c 整体指的是方差的权。

由观测方程对各 Sigma 点进行非线性变换：

$$\psi_{i, k+1|k} = h(\chi_{i, k+1|k}) \tag{3.9}$$

(4)观测更新：

求系统输出的方差阵：

$$P_{yk+1 yk+1} = \sum_{i=0}^{2n} W_i^c (\psi_{i, k+1|k} - y_{k+1|k})(\psi_{i, k+1|k} - y_{k+1|k})^T + R \tag{3.10}$$

计算协方差阵 $P_{xk+1 yk+1}$：

$$P_{xk+1 yk+1} = \sum_{i=0}^{2n} W_i^c (\chi_{i, k+1|k} - x_{k+1|k})(\psi_{i, k+1|k} - y_{k+1|k})^T \tag{3.11}$$

滤波增益：

$$K_{k+1} = P_{xk+1 yk+1} P_{yk+1 yk+1}^{-1} \tag{3.12}$$

方差更新：

$$P_{k+1|k+1} = P_{k+1|k} - K_{k+1} P_{yk+1 yk+1} K_{k+1}^T \tag{3.13}$$

状态更新：

$$x_{k+1|k+1} = x_{k+1|k} + K_{k+1}(y_{k+1} - \sum_{i=0}^{2n} W_i^m \psi_{i, k+1|k}) \tag{3.14}$$

3)用于 UKF 算法优化的蚁群算法目标函数确定

由于估算的需要，对公式(2.24)～公式(2.26)进行等价变换为

$$m(\dot{v}_y + v_x \omega) = (C_{af} + C_{ar})\beta + \frac{(l_f C_{af} - l_r C_{ar})}{v_x}\omega - C_{af}\delta \tag{3.15}$$

$$I_z \cdot \dot{\omega} = (l_f C_{af} - l_r C_{ar})\beta + \frac{(l_f^2 C_{af} + l_r^2 C_{ar})}{v_x}\omega - l_f C_{af}\delta \tag{3.16}$$

第三章 汽车关键状态估计、路径规划与换道控制策略研究

同时结合公式(2.32)和公式(2.33),将上述方程整理后可得状态方程如式(3.17)所示,观测方程如式(3.18)所示：

$$\begin{cases} \dot{\omega} = \dfrac{(l_\text{f}^2 C_{af} + l_\text{r}^2 C_{ar})}{I_z} \dfrac{\omega}{v_x} + \dfrac{(l_\text{f} C_{af} - l_\text{r} C_{ar})}{I_z} \beta - \dfrac{l_\text{f} C_{af}}{I_z} \delta \\ \dot{\beta} = \left(\dfrac{l_\text{f} C_{af} - l_\text{r} C_{ar}}{m v_x^2} - 1 \right) \omega + \dfrac{C_{af} + C_{ar}}{m} \dfrac{\beta}{v_x} - \dfrac{C_{af}}{m} \dfrac{\delta}{v_x} \\ \dot{v}_x = a_x + \beta v_x \omega \end{cases} \quad (3.17)$$

$$a_y = \dfrac{l_\text{f} C_{af} - l_\text{r} C_{ar}}{m} \dfrac{\omega}{v_x} + \dfrac{C_{af} + C_{ar}}{m} \beta - \dfrac{C_{af}}{m} \delta \quad (3.18)$$

结合汽车状态方程,其状态变量为$[\omega\ \beta\ v_x]^\text{T}$,观测量为$a_y$,控制变量为$\delta$,则UKF算法所对应的过程噪声协方差矩阵$\boldsymbol{Q}$是对角元素分别为$q_{11}$,$q_{22}$,$q_{33}$的对角矩阵,而观测噪声协方差矩阵$\boldsymbol{R}_0$即为一个一维矩阵,即为常数。$\boldsymbol{Q}$和$\boldsymbol{R}_0$是蚁群算法的待优化参数。确定了待优化参数后,对于蚁群寻优算法很重要的一个步骤就是选择一个合适的目标函数,避免寻优过程发生早熟收敛,以便获取全局最优解,在此选取新息的实际方差为目标函数,以其值最小为目标进行寻优[125],定义目标函数如式(3.19)所示：

$$\bar{f} = \tilde{\boldsymbol{y}}_{k+1|k} \tilde{\boldsymbol{y}}_{k+1|k}^\text{T} \quad (3.19)$$

其中,$\bar{f}$为新息的实际方差;$\tilde{\boldsymbol{y}}_{k+1|k} \tilde{\boldsymbol{y}}_{k+1|k}^\text{T}$为UKF滤波过程中的新息序列;$\tilde{\boldsymbol{y}}_{k+1|k} = \boldsymbol{y}_{k+1} - \sum_{i=0}^{2n} W_i^m \boldsymbol{\psi}_{i,k+1|k}$。

2. 蚁群优化UKF算法用于汽车状态估计的实现过程

根据UKF算法,结合汽车状态方程,可以实现UKF对汽车状态量进行估计。加入蚁群优化算法后,可以对过程噪声协方差矩阵和观测噪声协方差矩阵进行在线优化,提高估计结果的精度,具体流程如图3.1所示。

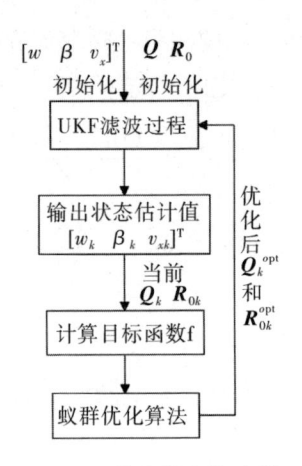

图 3.1 算法的实施流程

3. 仿真试验与结果分析

采用 Carsim 与 Simulink 联合仿真平台模拟典型过渡工况下的汽车操纵响应。仿真模拟中整车参数同表 2.4，试验工况为双移线超车试验，试验车速为 80 km/h，采样时间为 0.02 s。

状态变量初始值为 $[0\ 0\ 22.22]^T$，过程噪声协方差矩阵初始值为 $\boldsymbol{Q}=\mathrm{diag}(1,1,0.1)$，观测噪声协方差矩阵初始值为 $\boldsymbol{R}_0=0.001$。

首先基于常规 UKF 算法进行滤波估计，给观测量 a_y 加入定值高斯白噪声。估计结果的对比如图 3.2 所示。

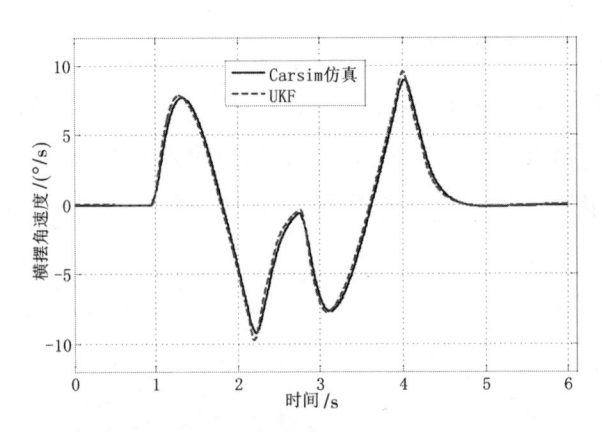

图 3.2 横摆角速度估计值

通过图 3.3 和图 3.4 可以看出，在定值高斯白噪声的干预下，常规 UKF 算法可以较好地跟踪横摆角速度，质心侧偏角和纵向车速，估计误差最大偏差值为 4.2% 以内。为充分检验算法的鲁棒性与估计精度，给观测量 a_y 加入时变的高斯白噪声。信息素残留系数 $\rho' = 0.61$。

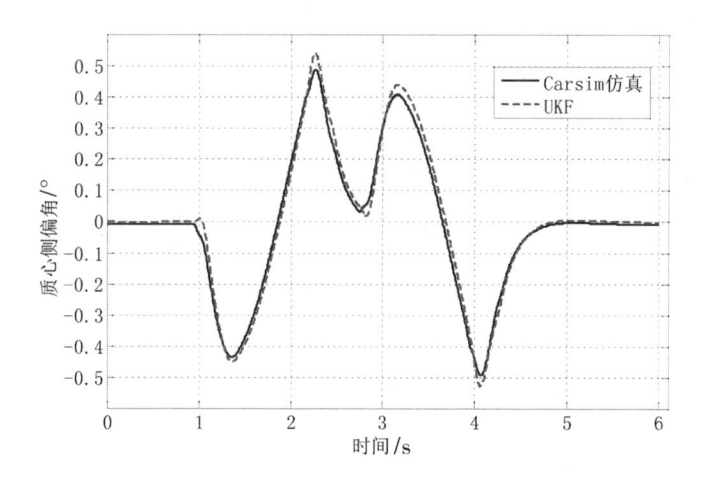

图 3.3 质心侧偏角估计值

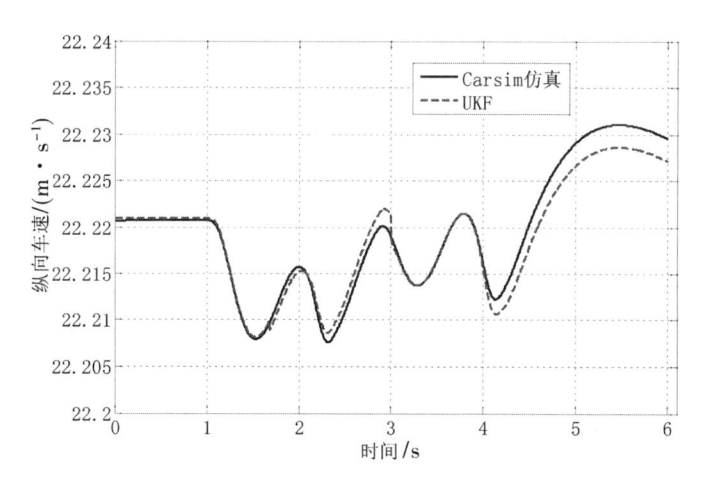

图 3.4 纵向车速估计值

综合图 3.5~图 3.7 可以看出，单纯采用 UKF 算法时，由于过程噪声和观测噪声在滤波过程中设定为定值，不会自动更新。而试验过程中输入的是时变的噪声，因此横摆角速度、质心侧偏角和纵向车速的估计值出现较大偏差，在幅值处偏差达最大，无法较准确地跟踪状态量。而加入蚁群算法后，通过其寻优的作用，根据设定的目标函数对过程噪声和观测噪声协方差矩阵进行调整，使输出误差最小。通过综合对比，蚁群优化 UKF 算法的状态估计值最优，能准确地跟踪汽车当前状态，说明蚁群算法的加入可以弥补 UKF 算法的弱点，从而可以获得更好的鲁棒性与估计精度。

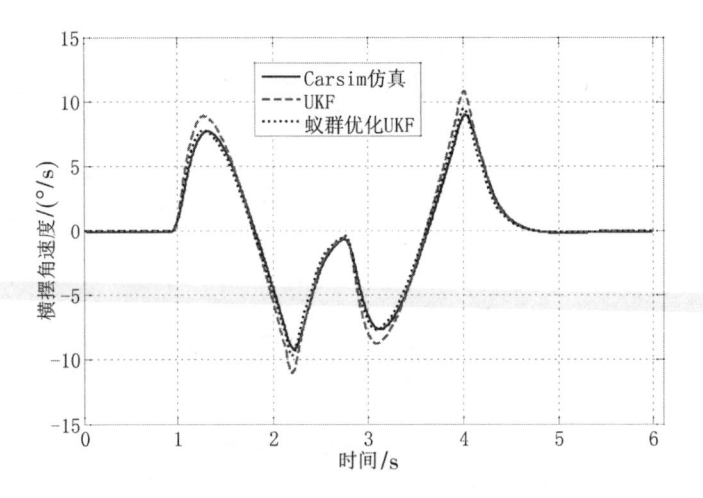

图 3.5 加入时变噪声后横摆角速度估计值

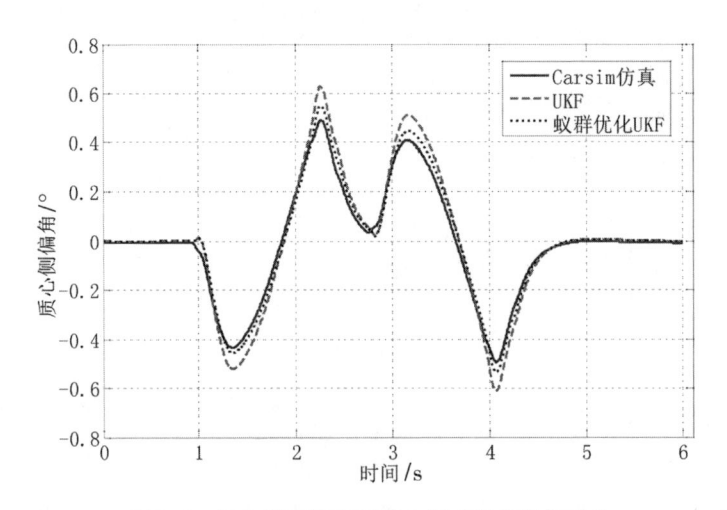

图 3.6 加入时变噪声后质心侧偏角估计值对比

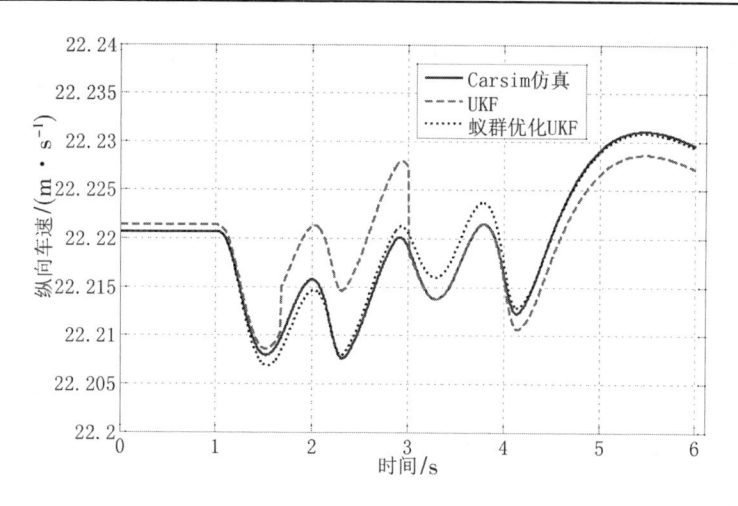

第三章 汽车关键状态估计、路径规划与换道控制策略研究

图 3.7 加入时变噪声后纵向车速估计值对比

通过计算分析，加入时变噪声后，UKF 算法的估计误差最大达到了 9.96%，而蚁群优化 UKF 算法则将估计误差缩小到了 4.52%，与定值噪声状态下 UKF 算法的估计精度相当，有效地说明了上述结论的正确性。

为了进一步定量地比较两种算法的估计精度，给出了估计值相对于实际值的平均绝对误差（MAE, mean absolute error）和均方根误差（RSME, root-mean-square error），如表 3.1 和表 3.2 所示。

表 3.1 算法的 MAE 指标

算法	横摆角速度	质心侧偏角	纵向车速
UKF	0.019 2	0.001 6	1.132 6e−4
蚁群优化 UKF	0.015 0	2.624 1e−4	6.932 6e−5

表 3.2 算法的 RSME 指标

算法	横摆角速度	质心侧偏角	纵向车速
UKF	0.026 8	0.002 1	0.001 0
蚁群优化 UKF	0.024 9	3.873 8e−4	5.357 1e−4

从表 3.1 和表 3.2 可以看出，随着算法的改进以及蚁群算法的加入，横

摆角速度、质心侧偏角和纵向车速的 MAE 和 RSME 指标明显逐步变好，即呈现下降趋势；上述两个表格进一步从量的对比上说明蚁群优化算法的优越性，提高了状态估计的精度。

本节提出将蚁群算法与 UKF 相结合进行汽车状态估计，UKF 算法可以针对非线性系统进行状态估计，但是不能适应时变的过程噪声和观测噪声，从而产生较大偏差；而随着蚁群算法的加入，其寻优作用逐渐将估计误差缩小，达到与定值噪声状态下估计精度相当的效果。虚拟试验验证表明，蚁群优化 UKF 算法的估计结果可以较好地跟踪虚拟试验值，优于单纯的 UKF 算法，具有较好的估计精度及鲁棒性。

第二节 基于 EH∞KF 的复杂工况下车辆状态参数高精度估计

一、复杂工况下车辆状态估计算法研究

1. EKF 车辆状态估计算法

在实际的工程领域中，车辆系统总是非线性的，利用经典的卡尔曼滤波就不能得到很好的效果。针对非线性的问题，一般都是采用扩展卡尔曼滤波（EKF, extended Kalman filter），而 EH∞KF 算法必然以 EKF 为基础，因此，本小节需要对 EKF 算法的理论进行深入研究。EKF 具体的流程[42]如下。

将卡尔曼滤波(KF)的基本方程应用于线性化模型，即式(3.20)，线性化后的系统状态方程式如下：

$$\begin{cases} x_{k+1} = Ax_k + u_k + w_k \\ y_k = Hx_k + v_k \end{cases} \quad (3.20)$$

其中，x_{k+1} 为系统状态变量；u_k 为输入信号；y_{k+1} 为测量输出；w_k、v_k 分别是过程噪声和测量噪声，两者都是不相关的白噪声；Q 和 R 为噪声协方差矩阵；$\tilde{Z}_{m,k+1}$ 为传感器测量变量；A 和 H 分别为雅可比矩阵，

$$A = \frac{\partial f(\boldsymbol{x}_k, \boldsymbol{u}_k)}{\partial \boldsymbol{x}_k} = \begin{bmatrix} \frac{\partial f_1}{\partial x_1} \cdots \frac{\partial f_1}{\partial x_m} \\ \cdots\cdots\cdots\cdots \\ \frac{\partial f_m}{\partial x_1} \cdots \frac{\partial f_m}{\partial x_m} \end{bmatrix}$$

$$H = \frac{\partial h(\boldsymbol{x}_k, \boldsymbol{u}_k)}{\partial \boldsymbol{x}_k} = \begin{bmatrix} \frac{\partial h_1}{\partial x_1} \cdots \frac{\partial h_1}{\partial x_m} \\ \cdots\cdots\cdots\cdots \\ \frac{\partial h_m}{\partial x_1} \cdots \frac{\partial h_m}{\partial x_m} \end{bmatrix}$$

(3.21)

EKF 的递归算法如下：

第一步，k 时刻的状态变量一步预测：

$$\boldsymbol{x}_{k+1} = \boldsymbol{A}\boldsymbol{x}_k + \boldsymbol{u}_k \tag{3.22}$$

第二步，系统状态协方差矩阵 $\boldsymbol{P}$ 一步预测：

$$\boldsymbol{P}_{k+1} = \boldsymbol{A}\boldsymbol{P}_k\boldsymbol{A}^{\mathrm{T}} + \boldsymbol{Q} \tag{3.23}$$

第三步，滤波增益矩阵 $\boldsymbol{K}$：

$$\boldsymbol{K}_{k+1} = \boldsymbol{P}_{k+1}\boldsymbol{H}^{\mathrm{T}}(\boldsymbol{H}\boldsymbol{P}_{k+1}\boldsymbol{H}^{\mathrm{T}} + \boldsymbol{R})^{-1} \tag{3.24}$$

第四步，$k+1$ 时刻系统状态变量更新为

$$\hat{\boldsymbol{X}}_{k+1} = \boldsymbol{X}_{k+1} + \boldsymbol{K}_{k+1}(\tilde{\boldsymbol{Z}}_{m,k+1} - \boldsymbol{H}\boldsymbol{X}_{k+1}) \tag{3.25}$$

第五步，系统状态协方差阵更新 $\boldsymbol{P}$：

$$\hat{\boldsymbol{P}}_{k+1} = (\boldsymbol{I} - \boldsymbol{K}_{k+1}\boldsymbol{H}^{\mathrm{T}})\boldsymbol{P}_{k+1} \tag{3.26}$$

式(3.22)～式(3.23)中，状态变量和系统状态协方差阵需要赋初始值后，$\boldsymbol{x}_0 = E[\boldsymbol{x}_0]$，$\boldsymbol{P}_0 = \text{var}[\boldsymbol{x}_0]$，EKF 滤波器才开始循环计算，计算过程如图 3.8 所示。

```
┌─────────────────────────┐         ┌──────────────────────┐
│  初始输入 x₀ 和 P₀       │
└─────────────────────────┘
```

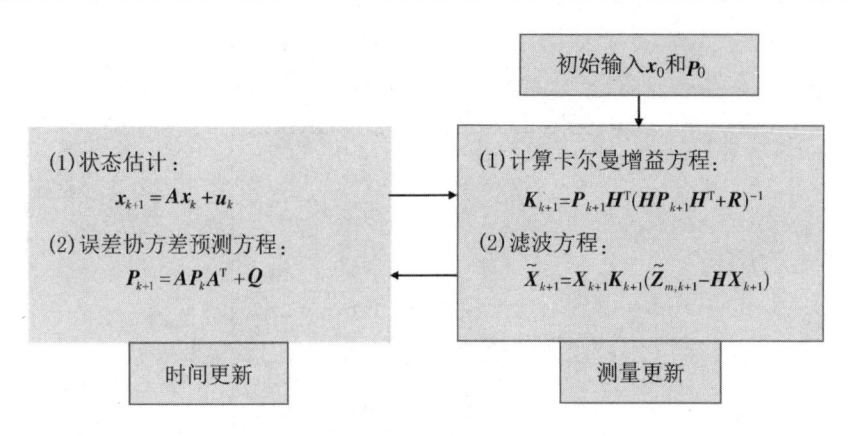

(1) 状态估计：
$$x_{k+1} = Ax_k + u_k$$
(2) 误差协方差预测方程：
$$P_{k+1} = AP_kA^T + Q$$

(1) 计算卡尔曼增益方程：
$$K_{k+1} = P_{k+1}H^T(HP_{k+1}H^T + R)^{-1}$$
(2) 滤波方程：
$$\tilde{X}_{k+1} = X_{k+1}K_{k+1}(\tilde{Z}_{m,k+1} - HX_{k+1})$$

时间更新　　　测量更新

图 3.9　扩展卡尔曼滤波器的工作过程

2. EH∞KF 车辆状态估计算法

EH∞KF 算法是一种联合方法，首先利用 EKF 算法将非线性离散时间系统进行线性化，将线性化的误差视为扰动，然后再将 H∞ 滤波技术直接应用于线性化系统[126]。

用于 H∞ 滤波器的离散时间非线性动力学模型如下[127]：

$$\begin{cases} x_{k+1} = f(x_k, u_k) + w_k \\ y_k = h(x_k, u_k) + v_k \end{cases} \quad (3.27)$$

其中，x_k 为状态变量；u_k 为输入信号；y_k 为观测变量；w_k 和 v_k 分别是随机不确定的过程噪声和测量噪声。

在 H∞ 滤波方法中，不是直接估计状态 x_k，而是估计状态的线性组合：

$$z_k = L_k x_k \quad (3.28)$$

其中，z_k 为待估计的信号；L_k 为已知矩阵。假设为 $L_k = I$，I 是单位矩阵。

H∞ 滤波算法定义了一个代价函数作为测量指标[128]：

$$J = \frac{\sum_{k=0}^{N-1} \| z_k - \hat{z}_k \|_{S_k}^2}{\| x_0 - \hat{x}_0 \|_{P_0^{-1}}^2 + \sum_{k=0}^{N-1} (\| w_k \|_{Q_k^{-1}}^2 + \| v_k \|_{R_k^{-1}}^2)} \quad (3.29)$$

其中，x_0 定义为状态估计的初始值；$x_0 - \hat{x}_0$ 定义为状态估计初始误差；z_k 的估计值表示为 $\hat{z}_k$；$z_k - \hat{z}_k$ 定义为状态估计误差；$\| z_k - \hat{z}_k \|_{S_k}^2$ 表示加权内积；对称正定矩阵 P_0、Q_k、R_k 和 S_k 是未知的，可以由设计人员根据具体应用情

况进行选择。在 H_∞ 滤波器中，S_k 会影响增益矩阵。

H_∞ 滤波算法的目标是保证估计误差的上界是有限的，同时使这个上界最小化[129]。

$$\sup J < \frac{1}{\theta} \tag{3.30}$$

其中，"sup"代表最小上界(supremum)；θ 是一个预定义的标量常数和误差衰减参数。忽略上限值，由式(3.29)和式(3.30)得：

$$J = \sum_{k=0}^{N-1} \| z_k - \hat{z}_k \|_{S_k}^2 - \frac{1}{\theta} \Big[\sum_{k=0}^{N-1} (\| w_k \|_{Q_k^{-1}}^2 + \| v_k \|_{R_k^{-1}}^2)\Big] - \frac{1}{\theta} \| x_0 - \hat{x}_0 \|_{P_0^{-1}}^2 < 0 \tag{3.31}$$

基于式(3.28)和式(3.30)，设计者可以选择合适的估计值 $\hat{x}_k$ 使 J 最小化，然后再选择合适的 w_k、v_k、x_0 值，使 J 最大化，因此 H_∞ 滤波器可以解释为以下"最小-最大"问题：

$$J^* = \min_{\hat{x}_k} \max_{w_k, v_k, x_0} J \tag{3.32}$$

本书将 EKF 算法与 H_∞ 滤波算法相结合，如此，$EH_\infty KF$ 递归算法可表示为以下步骤：

$$x_{k|k-1} = A_k x_{k-1|k-1} + w_k \tag{3.33}$$

$$y_{k|k-1} = H_k x_{k|k-1} + v_k \tag{3.34}$$

$$P_{k|k-1} = A_k P_{k-1|k-1} A_k^{\mathrm{T}} + Q_k \tag{3.35}$$

$$K_k = P_{k|k-1} [I - \theta S_k P_{k|k-1} + H_k^{\mathrm{T}} R_k^{-1} H_k P_{k|k-1}]^{-1} H_k^{\mathrm{T}} R_k^{-1} \tag{3.36}$$

$$\hat{x}_{k|k} = A_k x_{k|k-1} + A_k K_k (y_{k|k} - H_k x_{k|k-1}) \tag{3.37}$$

$$\hat{P}_{k|k} = A_k P_{k|k-1} [I - \theta S_k P_{k|k-1} + H_k^{\mathrm{T}} R_k^{-1} H_k P_{k|k-1}]^{-1} A_k^{\mathrm{T}} + Q_k \tag{3.38}$$

其中，A_k 和 H_k 是雅可比矩阵；式(3.33)~式(3.35)是在 $k-1$ 时刻对状态变量、测量值和误差协方差矩阵的一步预测；式(3.36)为滤波增益矩阵 K；式(3.37)和式(3.38)分别为在 k 时刻系统状态变量和误差协方差矩阵的更新。

可以看出，在式(3.37)和式(3.38)中，$\theta S_k P_{k|k-1}$ 这一项会使 $\hat{P}_{k|k}$ 和 K_k 变大，同时也增加了测量值的权重。与 EKF 算法相比，$EH_\infty KF$ 算法加强了对不确定动力学模型和噪声的容忍度，因此比 EKF 具有更强的鲁棒性。此外，

在选择 θ 时[130]，要保证 EH∞KF 算法能够成功实现，还必须满足以下条件：

$$P_{k|k-1}^{-1} - \theta S_k + H_k^T R_k^{-1} H_k > 0 \qquad (3.39)$$

EH∞KF 的具体迭代过程如下：首先根据已知的初始值估计一步预测值和误差协方差一步预测。其次，利用先验状态的估计值和误差协方差估计值来更新增益矩阵。再次，利用滤波增益矩阵和先验状态估计值计算后验状态。最后，根据式(3.38)动态更新后验状态误差协方差矩阵。以上迭代步骤将不断循环，从而获取准确的车辆状态信息。

二、基于 EH∞KF 算法的车辆质量和状态联合估计

1. 车辆质量和状态联合估计方案

本书所提出的车辆状态参数高精度估计综合方案框架如图3.9所示，由4个模块组成：

(1)车辆信号输入和输出模块；

(2)车辆模型；

(3)车辆质量估计模块；

(4)车辆状态估计模块。

车辆模型负责接收和输出前轮转角、侧向加速度和纵向加速度等信号；首个 EH∞KF 估计器对车辆的质量参数进行识别，并将识别结果传递给下一个估计器；然后，第二个 EH∞KF 估计器将利用第一个估计器的结果来预测车辆状态（横摆角速度、侧偏角和车速），同时，把状态估计的结果再次输入第一个估计器中，如此就形成了完整的闭环过程。需要注意的是，在这样的估计过程中，车载传感器始终将带有噪声不确定性和模型参数扰动的测量信号同步传递给两个估计器。

图3.10是基于双 EH∞KF 算法的车辆质量和状态估计流程图。利用第一个 EH∞KF 估计器实时估计车辆质量，以应对模型参数的不确定性，然后将该 EH∞KF 估计器的输出作为下一个 EH∞KF 估计器的输入，实时估计车辆状态。

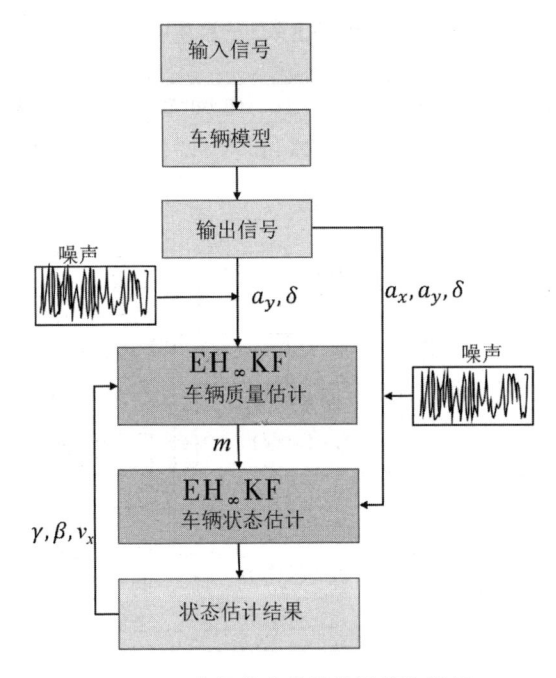

图 3.10　车辆状态参数估计算法框架

2. Carsim/MATLAB-Simulink 联合仿真试验平台搭建

本节利用 Carsim 软件平台搭建双移线变道测试交通场景，利用 MATLAB-Simulink 软件平台搭建双 $EH_\infty KF$ 算法估计器，最终建成可以运行双 $EH_\infty KF$ 算法估计器的 Carsim/MATLAB-Simulink 联合仿真试验平台。

仿真试验平台如图 3.11 所示，由以下三个子系统组成。

基于EH∞KF算法的质量估计

输入

系统方程
$x_{k+1} = f(x_k, u_k) + w_k$
$y_k = h(x_k, u_k) + v_k$
$z_k = L_k x_k$

测量值 y_k

双扩展H无穷卡尔曼滤波算法

- k 时刻的 x_{k+1}（初始值）x_0
- 计算雅可比矩阵 (2-10)
- 状态预测 x_{k+1} (2-22)
- 更新状态估计 $\hat{x}_{k+1}$ (2-26)
- k 时刻的 p_{k+1}（初始值）p_0
- 设置 θ, S_k 值
- 更新误差协方差 p_{k+1} (2-24)
- 计算增益矩阵 K_{k+1} (2-25)
- 更新误差协方差 $\hat{p}_{k+1}$ (2-27)

输出

$k+1$ 时刻的 m

基于EH∞KF算法的状态估计

输入

系统方程
$x_{k+1} = f(x_k, u_k) + w_k$
$y_k = h(x_k, u_k) + v_k$
$z_k = L_k x_k$

测量值 y_k

双扩展卡尔曼滤波算法

- k 时刻 x_{k+1}（初始值）x_0
- 计算雅可比矩阵 (2-10)
- 状态预测 x_{k+1} (2-22)
- 更新状态估计 $\hat{x}_{k+1}$ (2-26)
- k 时刻的 p_{k+1}（初始值）p_0
- 设置 θ, S_k 值
- 更新误差协方差 p_{k+1} (2-24)
- 计算增益矩阵 K_{k+1} (2-25)
- 更新误差协方差 $\hat{p}_{k+1}$ (2-27)

输出

$k+1$ 时刻 γ, β, v_x

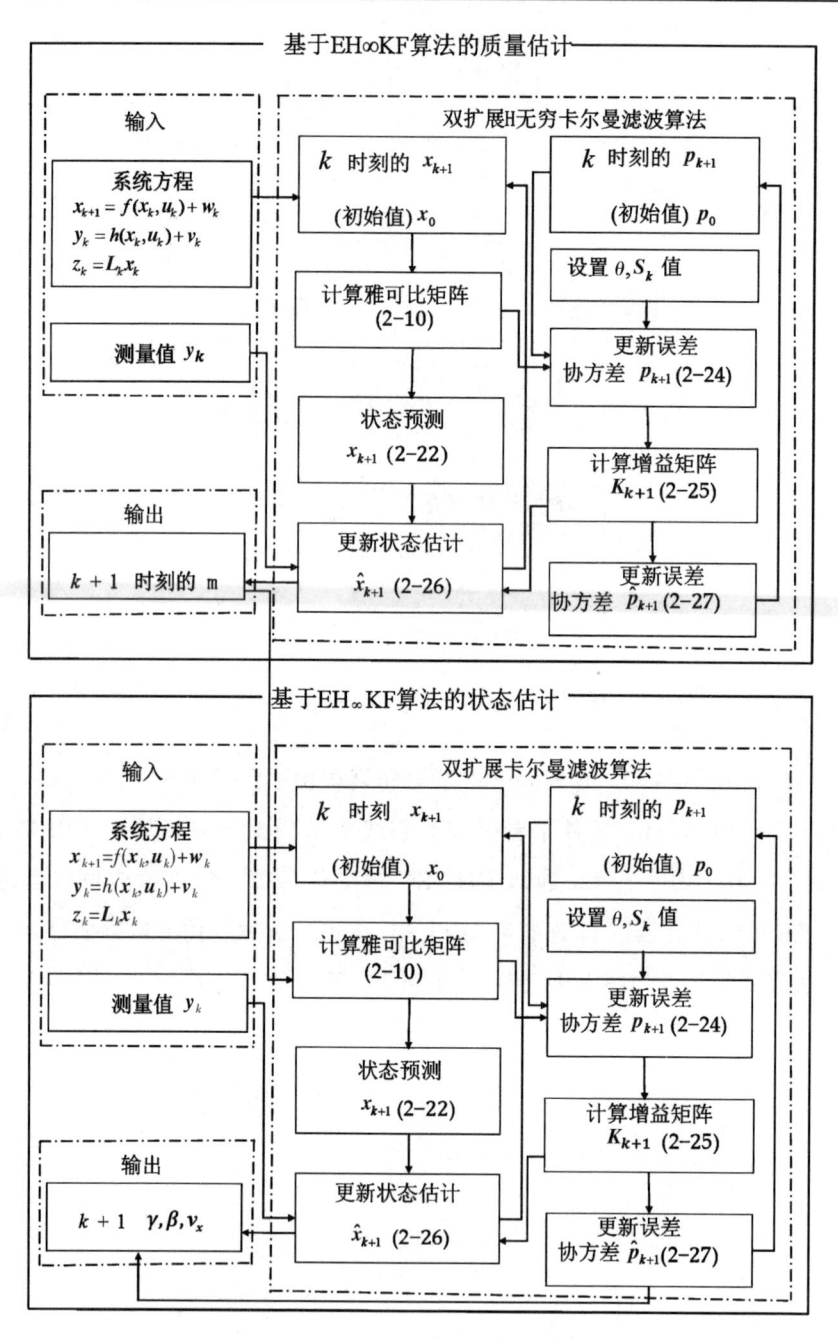

图 3.11 车辆质量和状态联合估计流程图

（1）车辆仿真系统：包括驾驶员模型和Carsim模型两部分。驾驶员模型

可以通过调整方向盘角度、油门和制动踏板来跟随目标轨迹和目标速度。然后,将方向盘角度传感器、加速踏板位置传感器和制动踏板位置传感器的信号传输到Carsim模型中。同时,Carsim模型将车辆状态反馈给驾驶员模型。

(2)数据采集系统:模拟车辆测量系统。首先,利用虚拟测量传感器采集车辆模型中的观测变量(a_x,a_y,δ);同时,在实际输出观测变量中加入模拟真实传感器的非高斯测量噪声v_k。最后,虚拟传感器将测量结果传递给状态估计系统。

(3)状态估计系统:状态估计系统是仿真试验平台的重点。利用首个$EH_\infty KF$估计器对车辆质量进行估计,然后将估计出的车辆质量作为下一个$EH_\infty KF$估计器的输入变量。两个$EH_\infty KF$估计器的估计结果(m,γ,β,v_x)将分别与Carsim模型系统给出的参考车辆质量和状态变量进行比较。

同样,该状态估计系统也适用于双EKF算法估计器,可以随设计者自己的意愿进行设定,方便后续进行试验验证时与双$EH_\infty KF$的估计结果进行比较。

三、仿真试验与结果分析

为验证算法的有效性,本节分别设置了高附着系数路面和低附着系数路面双移线变道测试交通场景。以Carsim软件输出的车辆质量和状态值作为参考值,把本书提出的双$EH_\infty KF$车辆质量和状态估计算法与双EKF估计算法的结果进行比较,从而得出结论。

需要统一说明的是:本节试验用到的试验车都是从Carsim软件得到,其车型参数如表3.3所示,交通试验车如图3.12所示。

表3.3 整车动力学模型参数

符号	名称	数值和单位
m	质量	1 420 kg
a	质心到前轴的距离	1.015 m
b	质心到后轴的距离	1.895 m
I_z	车辆绕z轴的转动惯量	1 536.7 kg·m^2
k_1	前轮的侧偏刚度	−102 540 N/rad
k_2	后轮的侧偏刚度	−98 500 N/rad

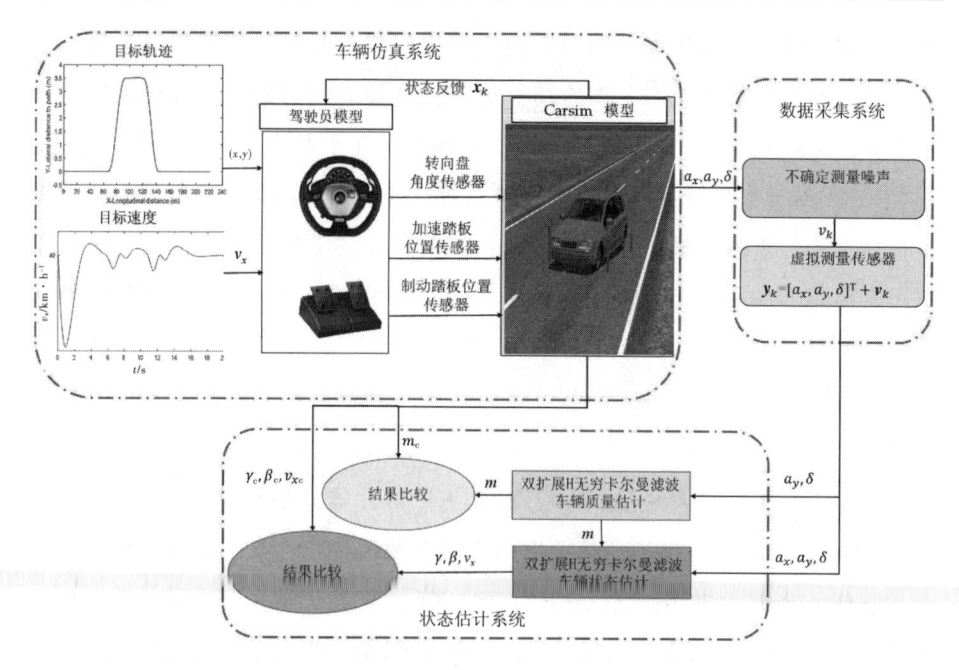

图 3.12 联合仿真试验平台

1. 基于 EH∞KF 算法的车辆质量估计

本节呈现的内容主要是：用首个 EH∞KF 估计器先对车辆质量进行估计，估计出的结果将输入给下一个 EH∞KF 估计器。如图 3.13 所示，在 MATLAB-Simulink 中运行基于 EH∞KF 算法的车辆质量估计器。

图 3.13 交通试验车

驾驶员转动方向盘，进行双移线驾驶工况，并分别进行两种附着系数路面的车辆质量估计过程。如图 3.14 所示为高附着系数路面方向盘转角曲线，干燥沥青路面附着系数为 0.85，初始车速为 40 km/h，仿真时间 20 s。图 3.15 为高附着系数路面进行 EH$_\infty$KF 车辆质量估计的结果。可以看到，车辆质量估计曲线在 6.3 s 后快速上升，车辆质量从初始值 1 000 kg 迅速上升到 1 180 kg，在第 8 s 时，车辆质量上升到约 1 380 kg，再经过 6.2 s 左右的微小波动后迅速收敛到 1 400 kg，与参考的真实值非常接近，说明 EH$_\infty$KF 估计器很好地完成了车辆质量的估计，鲁棒性很好。

同样地，如图 3.16 所示为低附着系数路面方向盘转角曲线，冰雪路面附着系数为 0.2，初始车速为 20 km/h，仿真时间 20 s。图 3.17 为低附着系数路面进行 EH$_\infty$KF 车辆质量估计结果，可以看到，经过 3.5 s 后，车辆质量估计曲线快速上升，在第 6 s 时迅速收敛到 1 380 kg。在第 14 s 时刻，EH$_\infty$KF 的车辆质量估计曲线再次波动，在第 16 s 时快速收敛到 1 422 kg，与参考的真实值 1 420 kg 非常接近，说明 EH$_\infty$KF 估计器在低附着系数路面上也能很好地完成车辆质量的估计，估计精度也较好。

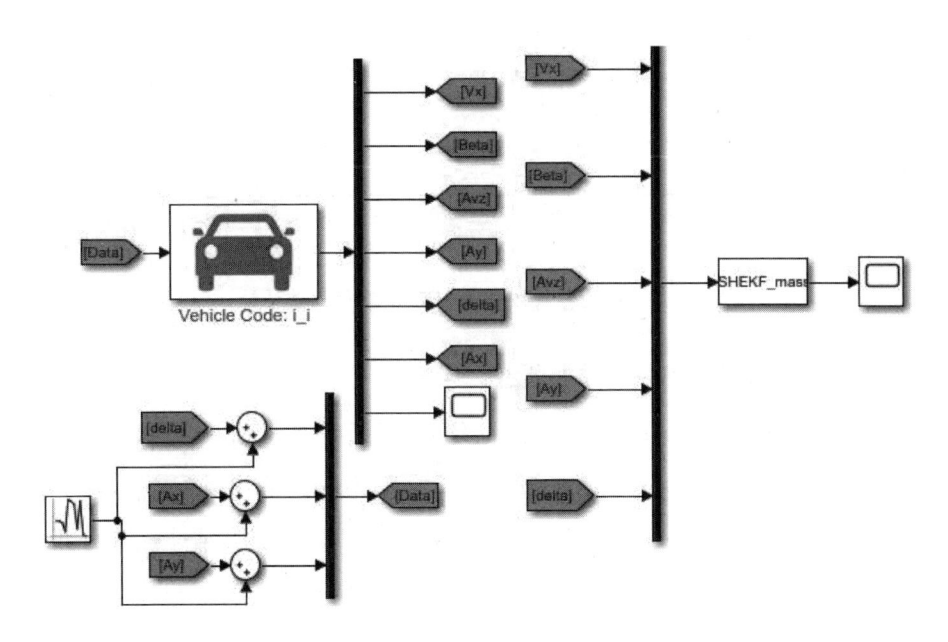

图 3.14　EH$_\infty$KF 车辆质量估计器

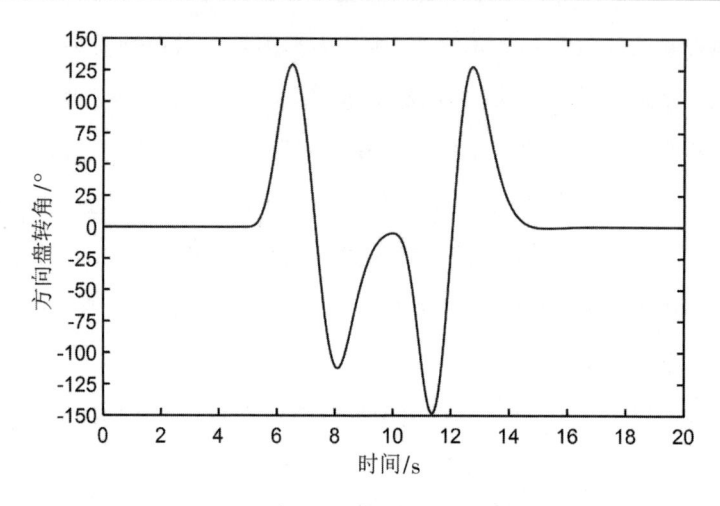

图 3.15 高附着系数路面方向盘转角

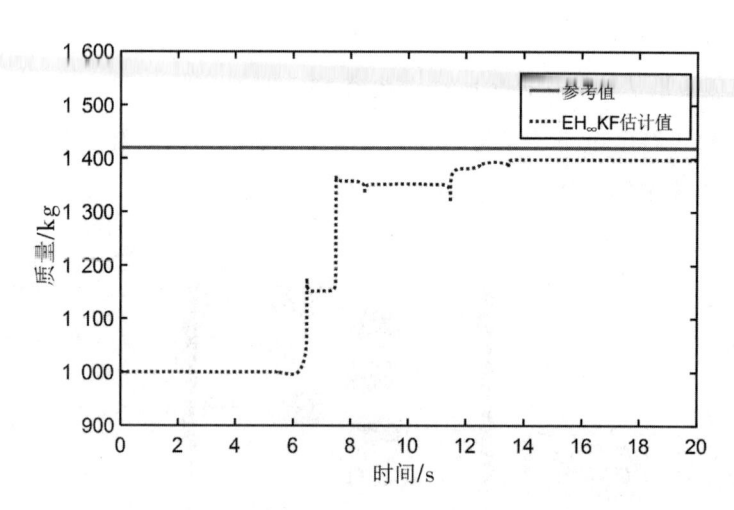

图 3.16 高附着系数路面 EH∞KF 车辆质量估计

2. 基于 EH∞KF 算法的车辆状态估计

本节呈现的内容主要是：紧随首个 EH∞KF 车辆质量估计器的输出结果，根据在 MATLAB-Simulink 建立好的第二个 EH∞KF 估计器（如图 3.18 所示），继续对车辆状态（横摆角速度、质心侧偏角和车速）进行估计，然后第二个 EH∞KF 车辆状态估计器的输出结果会反馈到车辆模型中，如此循环往复，从而完成整个估计过程。

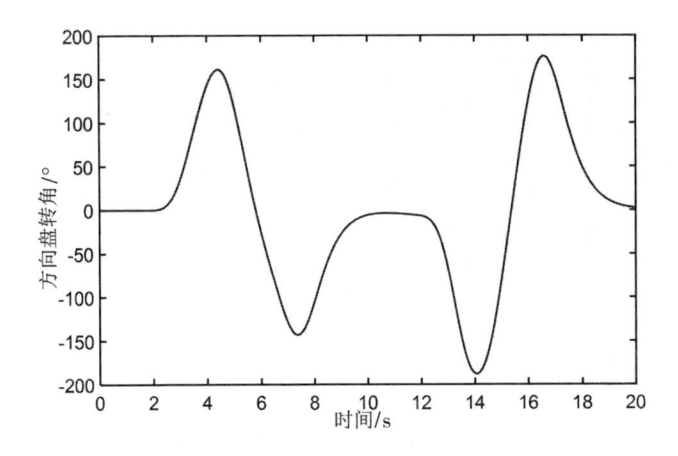

图 3.17 低附着系数路面方向盘转角

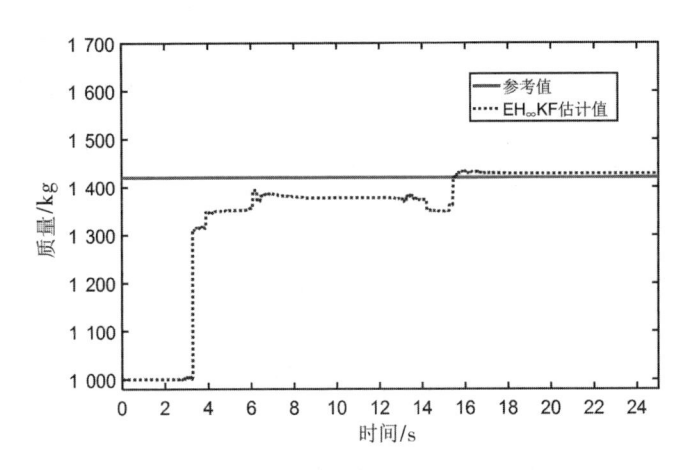

图 3.18 低附着系数路面 EH∞KF 车辆质量估计

图 3.19～图 3.21 为高附着系数路面 EH∞KF 车辆状态估计结果，可以看到，与参考真实值相比，横摆角速度和质心侧偏角的跟随效果都非常好，车速的估计曲线在第 6 s 时略有点波动，但是整体上跟随效果良好，说明 EH∞KF 估计器鲁棒性较好，车辆状态估计结果比较完美。

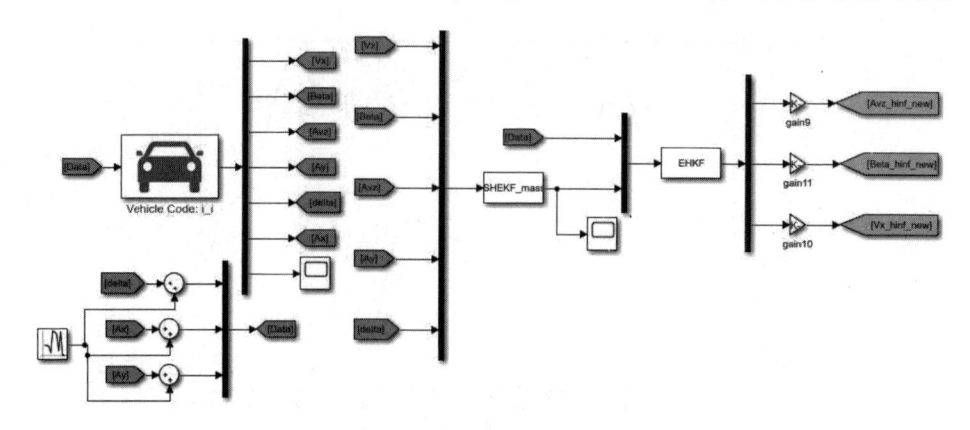

图 3.19　EH∞KF 车辆状态估计器

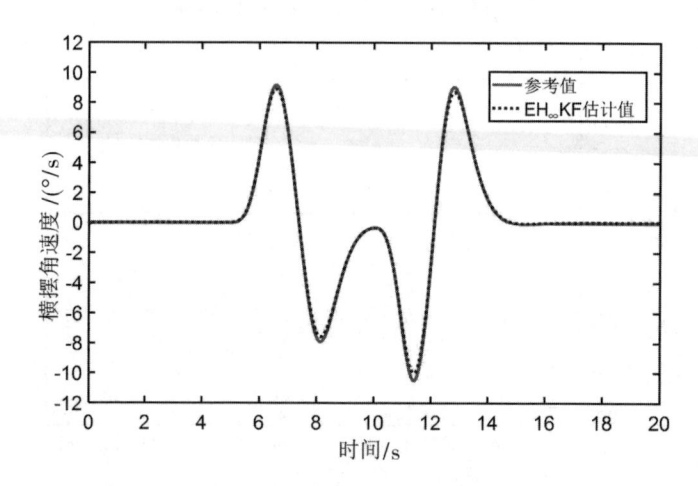

图 3.20　高附着系数路面 EH∞KF 横摆角速度估计

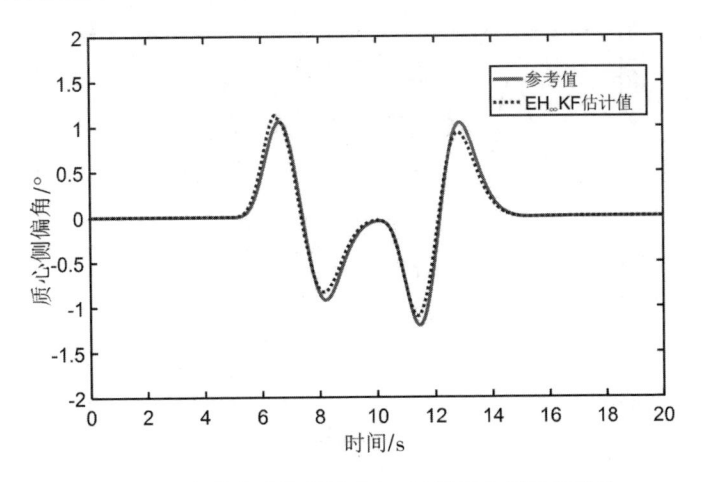

图 3.21 高附着系数路面 EH∞KF 横质心侧偏角估计

图 3.22～图 3.24 为低附着系数路面 EH∞KF 车辆状态估计结果，可以看到，与参考真实值相比，横摆角速度和质心侧偏角的跟随效果都非常好，车速的估计曲线在前 4 s 略有下降，第 4 s 后，略有上升，但整体上跟随效果良好，接近真实值，说明低附着系数路面 EH∞KF 估计器鲁棒性也比较好，很好地完成了对车辆三个状态参数的估计。

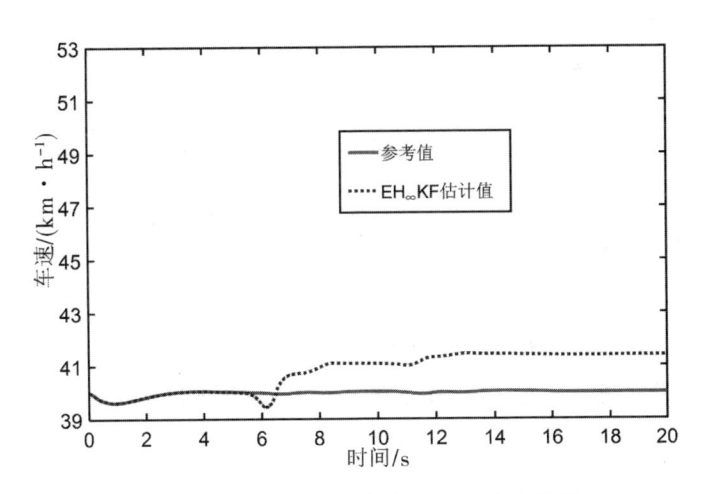

图 3.22 高附着系数路面 EH∞KF 车速估计

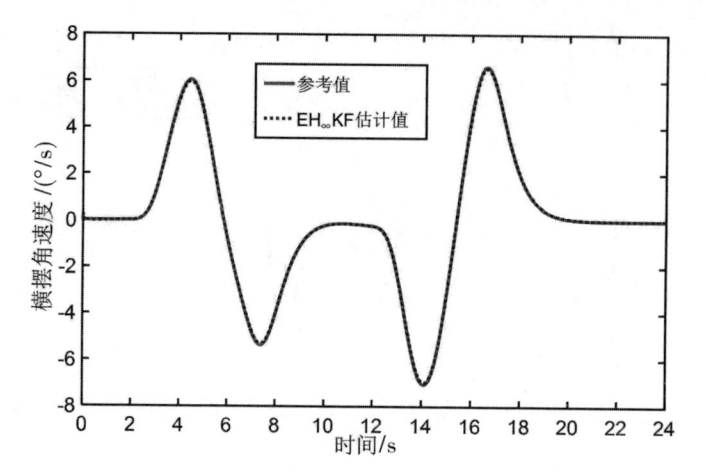

图3.23 低附着系数路面 EH∞KF 横摆角速度估计

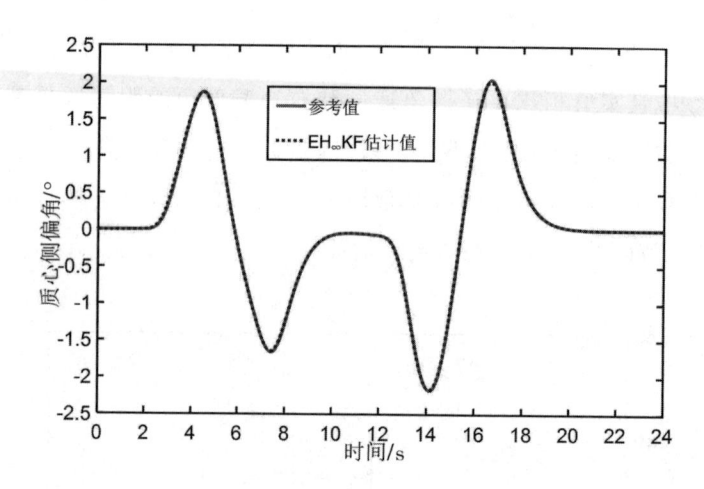

图3.24 低附着系数路面 EH∞KF 质心侧偏角估计

3. 基于 EH∞KF 算法的车辆质量和状态联合估计与结果分析

本节呈现的主要内容是：会在双 EH∞KF 估计器基础上，在 MATLAB-Simulink 中继续建立了双 EKF 算法估计器，和双 EH∞KF 估计器构成车辆质量和状态联合估计器如图 3.25 所示。

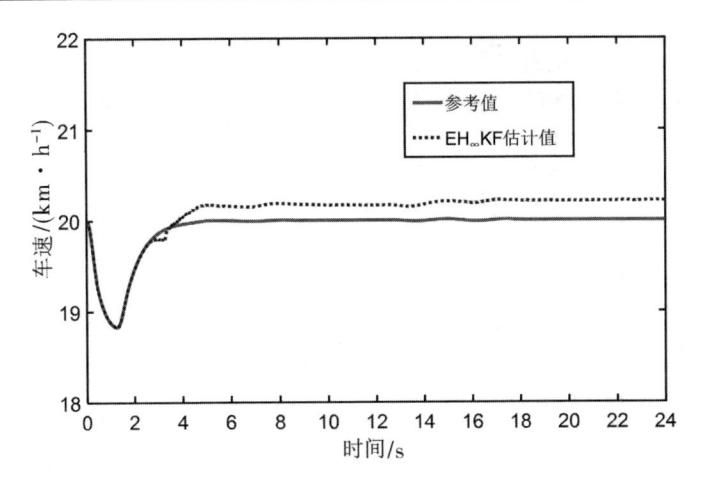

图 3.25 低附着系数路面 EH∞KF 车速估计

利用 Carsim/MATLAB-Simulink 软件搭建好的试验平台，同时运行双 EH∞KF 和双 EKF 两种算法估计器，分别进行高附着系数路面和低附着系数路面的车辆质量和状态的联合估计，蓝色输出框代表的是双 EH∞KF 估计器结果，橙色输出框代表的是双 EKF 估计器的结果。

最后，本节将对双 EKF 估计器和双 EH∞KF 估计器的估计结果分别与参考值进行比较，从而得出结论。

1) 高附着系数路面双移线变道试验

(1) 车辆质量估计试验结果分析。图 3.26 所示交通场景为双移线干燥沥青路面、路面附着系数为 0.85、初始车速为 40 km/h 时典型的方向盘转角曲线。

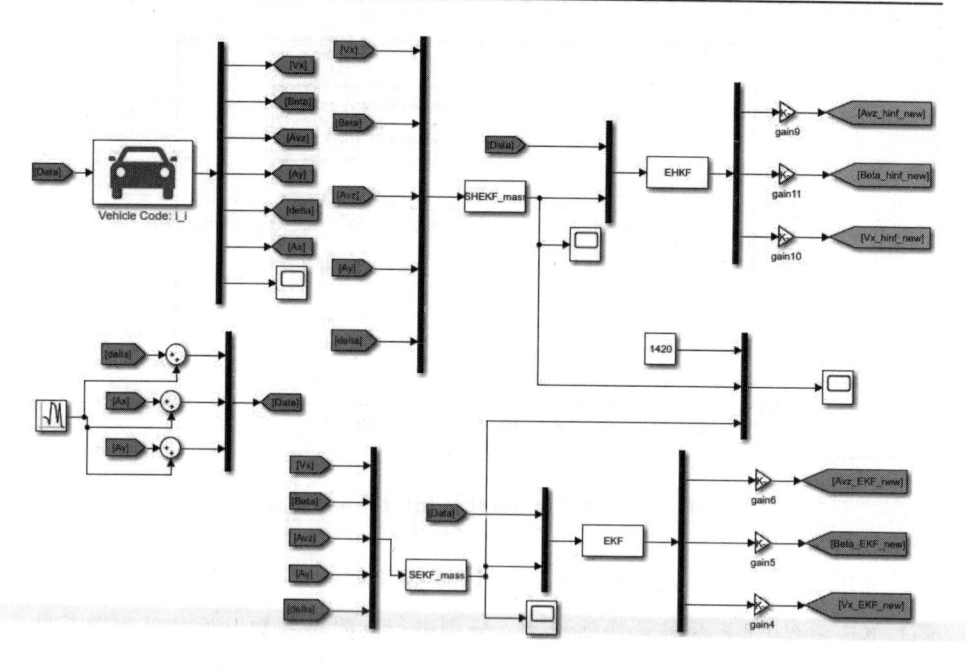

图 3.26　EKF 和 EH∞KF 车辆质量和状态联合估计器

由于 Carsim 软件提供了手动输入界面，可以通过给出上述条件的具体参数，直接模拟场景。将其作为车辆质量估计的输入。为了验证车辆质量估计算法的有效性，本书设置初始车辆质量为 1 000 kg，而实际车辆质量为 1 420 kg。模拟时间设置为 20 s。车辆质量的估计结果如图 3.27 所示。在图 4.16 中，EKF 算法的车辆质量估计曲线在 5.5 s 后快速上升，此后，再经过 8 s 左右的时间，车辆质量估计只能收敛到大约 1 250 kg。很明显，与参考值相差 170 kg。对于 EH∞KF 算法，车辆质量估计曲线在第 6 s 时上升到 1 180 kg，直到第 8 s 时才开始更快速上升，接近 1 380 kg，此后，经过 6.3 s 左右的小波动后迅速收敛到 1 400 kg。在上述条件下，可以看出，EH∞KF 方法比 EKF 方法更接近参考值。

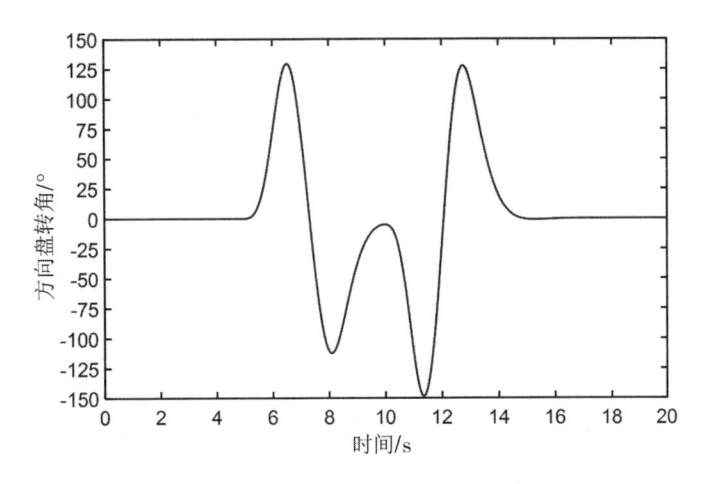

图 3.27 高附着系数路面方向盘转角

(2)车辆状态估计试验结果分析。图 3.28～图 3.30 为高附着系数路面上使用 EKF 和 EH∞KF 估计横摆角速度、质心侧偏角和车速的结果。从图中可以看出,在仿真过程中,EH∞KF 的横摆角速度、质心侧偏角和车速估计曲线更符合参考值。然而,EKF 的估计曲线与参考值相差甚远。从图 3.28 和图 3.29 局部放大的角度可以看出,EKF 的估计曲线总会有很多微小波动。在图 3.30 中,利用 EKF 估计的车速在第 6 s 时刻波动较大,6 s 到 20 s 之间与参考值的估计偏差较大,从图 3.28 和图 3.29 可以看出,总体而言,EH∞KF 的估计效果优于 EKF。

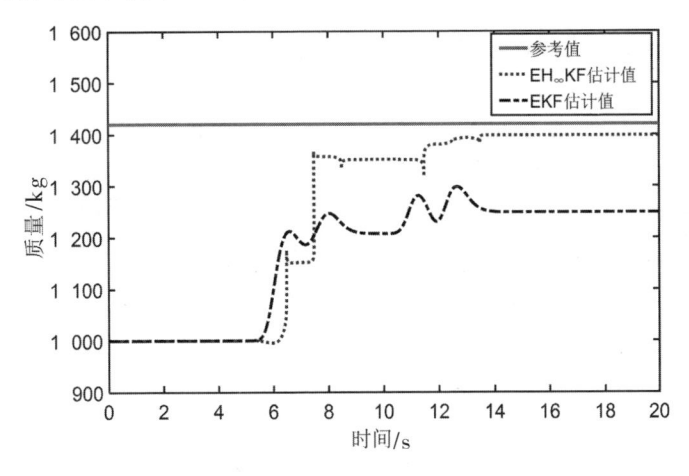

图 3.28 高附着系数路面车辆质量估计

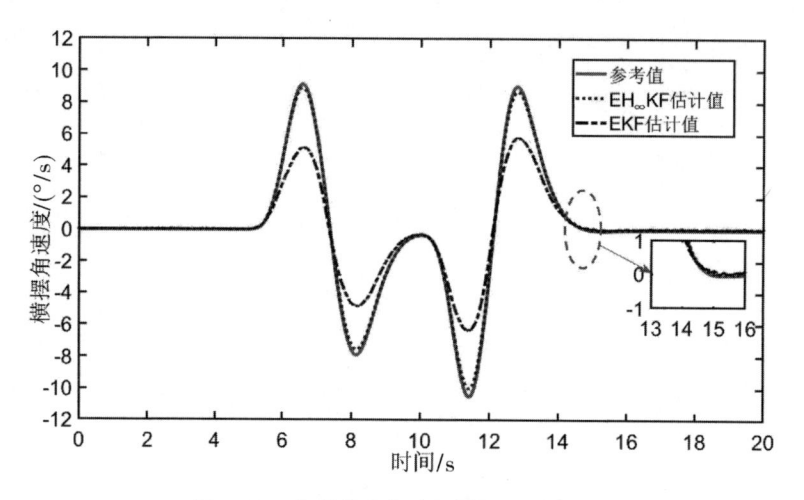

图 3.29 高附着系数路面横摆角速度估计

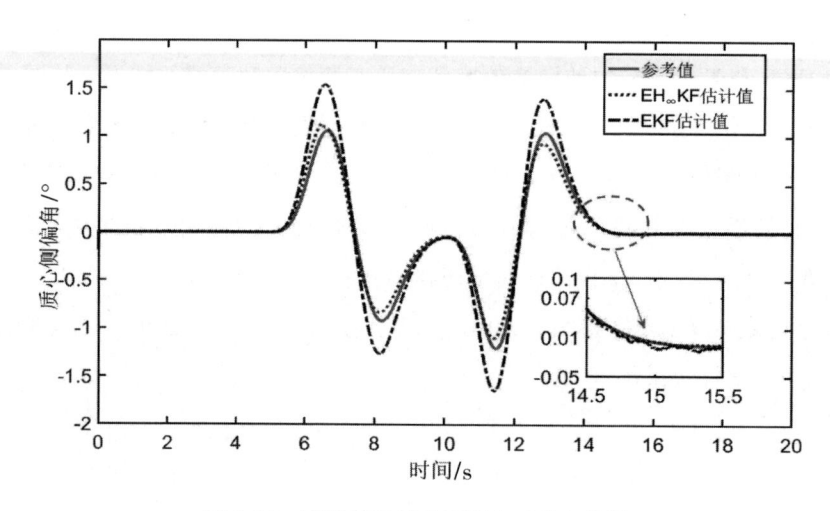

图 3.30 高附着系数路面质心侧偏角估计

从图 3.31～图 3.33 可以看出，使用 $EH_\infty KF$ 估计车辆横摆角速度、质心侧偏角和车速的平均绝对误差值都小于 EKF 估计的，这说明 $EH_\infty KF$ 的估计精度高于 EKF。

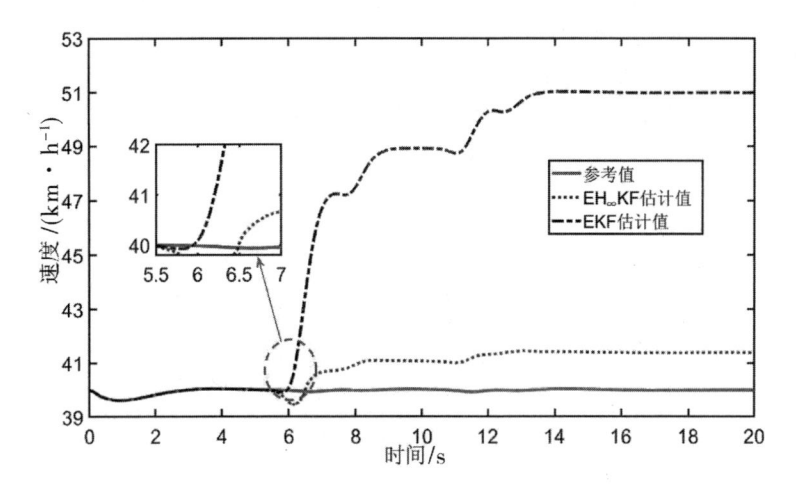

图 3.31 高附着系数路面车速估计

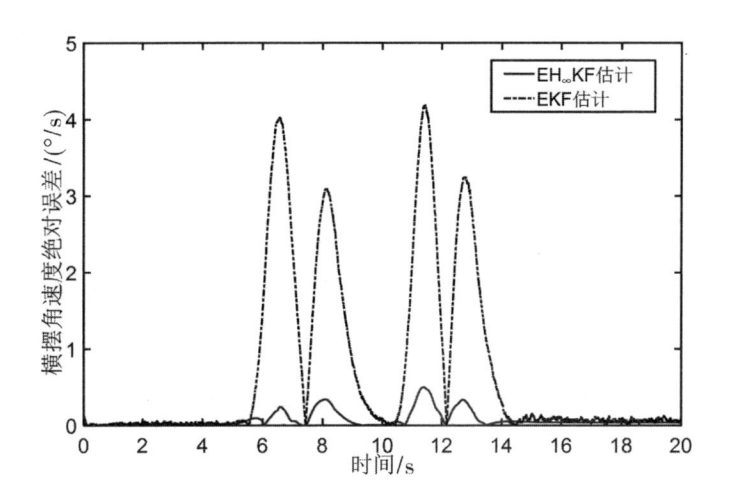

图 3.32 高附着系数路面横摆角速度估计绝对误差

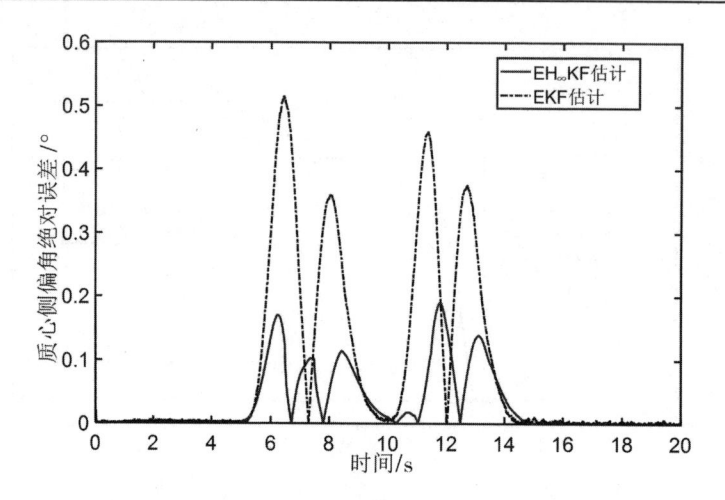

图 3.33 高附着系数路面质心侧偏角估计绝对误差

另外，为了定量评价所提出的估计方法，本书又比较了不同估计方法的均方根误差 RMSE 指标：

$$\text{RMSE} = \sqrt{\frac{\sum_{i}^{n_m}(y_i^o - y_i^p)^2}{n_m}} \qquad (3.40)$$

其中，n_m 是样本的数量；y_i^o 和 y_i^p 分别代表第 i 个样本的参考值和估计值。

车辆状态估计结果的 RMSE 指数如表 3.4 所示，可以看到，与现有的 EKF 方法相比，车辆状态估计性能至少提高了 64.8%。这意味着本书提出的双 EH$_\infty$KF 方法可以获得更高的估计精度。

表 3.4 高附着系数路面估计结果的均方根误差(RMSE)

RMSE	横摆角速度	质心侧偏角	车速
EKF	1.377 5	0.165 8	8.178 0
EH$_\infty$KF	0.126 7	0.058 3	1.027 5

2)低附着系数路面双移线变道试验

(1)车辆质量估计试验。图 3.34 所示交通场景为双移线冰雪路面、路面附着系数为 0.2、初始车速为 20 km/h 时典型的方向盘转角曲线。其中，初始车辆质量为 1 000 kg，实际车辆质量为 1 420 kg，测试时间设置仍为 20 s。

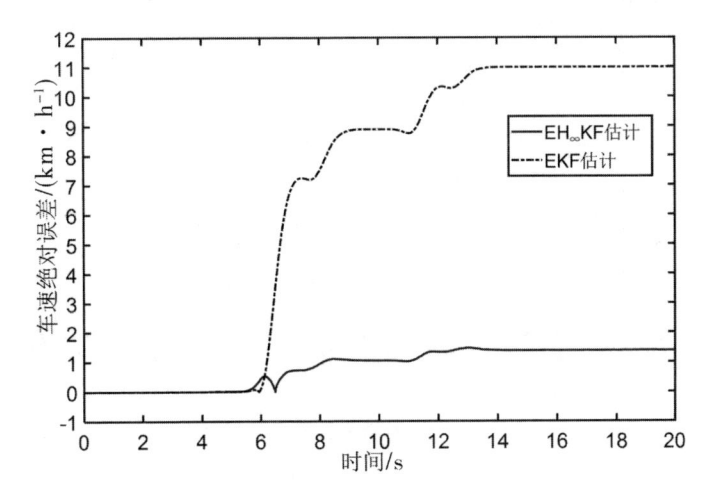

图 3.34　高附着系数路面车速估计绝对误差

图 3.35 分别给出了基于 EKF 和 EH∞KF 方法的车辆质量估计结果。如图 3.35 所示，EKF 算法的车辆质量估计曲线在 2 s 后快速上升，之后就呈现出正弦波式的大幅度波动，曲线跟随效果不好，大约 18 s 后，基于 EKF 算法的车辆质量估计收敛到 1 350 kg，很明显，与参考值相差 70 kg。对于 EH∞KF 算法，3.5 s 后车辆质量估计曲线快速上升，约在第 6 s 时迅速收敛到 1 380 kg。在第 14 s 时刻，EH∞KF 的车辆质量估计曲线再次出现微小波动。在第 16 s 时，不再波动，而且车辆质量快速收敛到 1 422 kg。在上述条件下，EH∞KF 方法比 EKF 方法更接近参考值，再次证明 EH∞KF 估计精度更好。

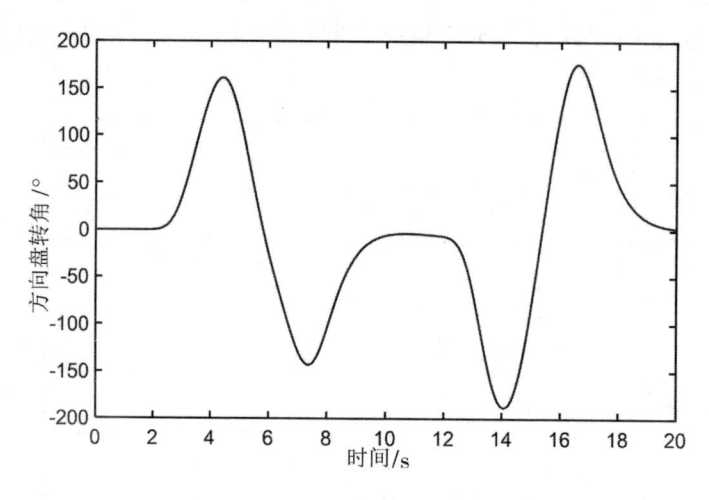

图 3.35　低附着系数方向盘转角

(2)车辆状态估计试验结果分析。在低附着系数路面上,利用 EKF 和 EH∞KF 估计横摆角速度、质心侧偏角和车速的结果如图 3.36～图 3.38 所示。从图中可以看出,在仿真过程中,EH∞KF 相对于 EKF 的横摆角速度和质心侧偏角估计曲线更接近参考值。特别是在图 3.36 中,EKF 的车速估计曲线不能很好地跟随参考值,使用 EKF 的车速估计在第 1.5 s 时下降,波动略大,在第 3.5 s 后,车速曲线有发散趋势,与参考值的估计偏差较大。另一方面,从图 3.36 和图 3.37 的局部放大图中可以看出,EH∞KF 的效果要优于 EKF。

另外,从图 3.39～图 3.42 可以看出,使用 EH∞KF 估计车辆横摆角速度、质心侧偏角和车速的平均绝对误差值都小于 EKF,证明 EH∞KF 估计精度效果更好。

车辆状态的 RMSE 指数如表 3.5 所示,可以看出,与现有的 EKF 方法相比,车辆状态估计性能至少提高了 69.3% 以上,这意味着本书提出的双 EH∞KF 方法在冰雪路面上也能获得较高的估计精度。

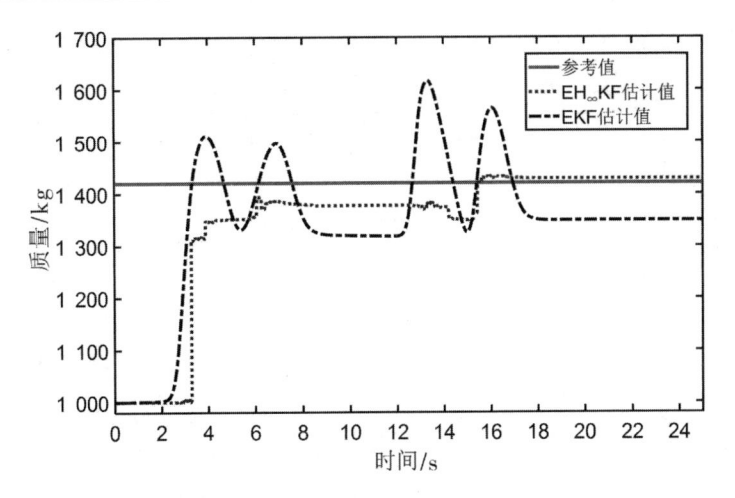

图 3.36 低附着系数车辆质量估计

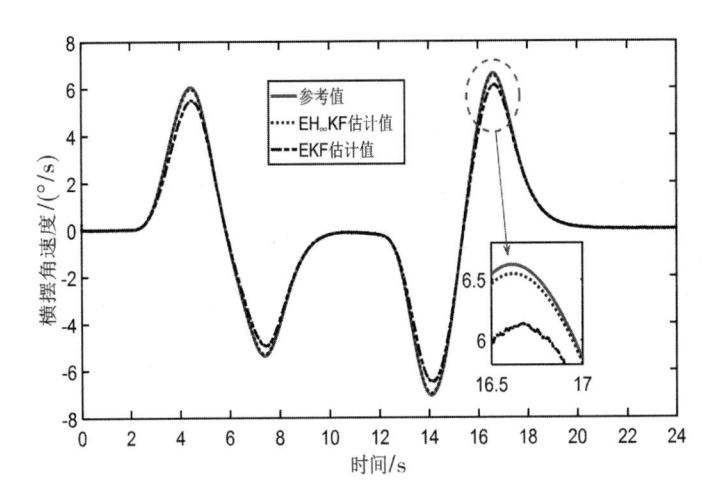

图 3.37 低附着系数车辆横摆角速度估计

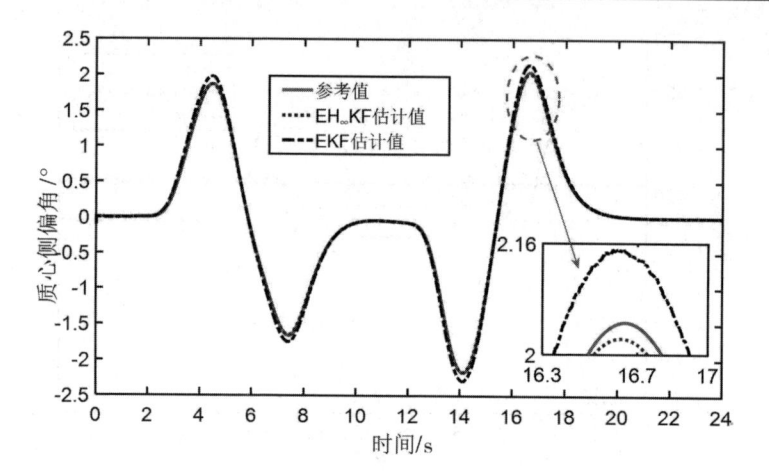

图 3.38 低附着系数路面车辆质心侧偏角估计

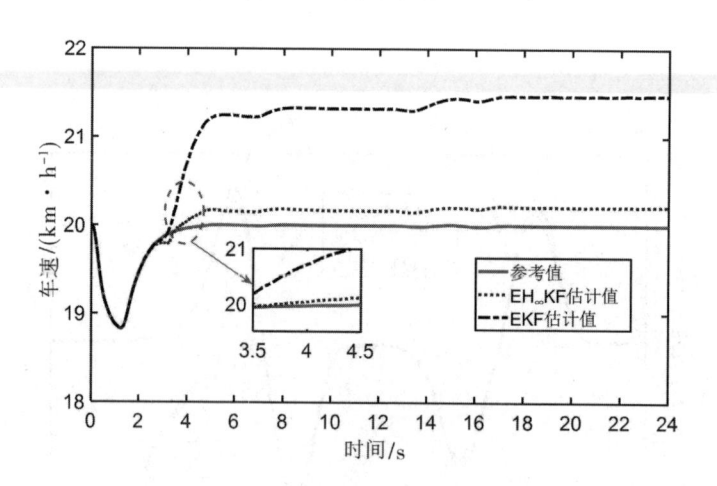

图 3.39 低附着系数路面车速估计

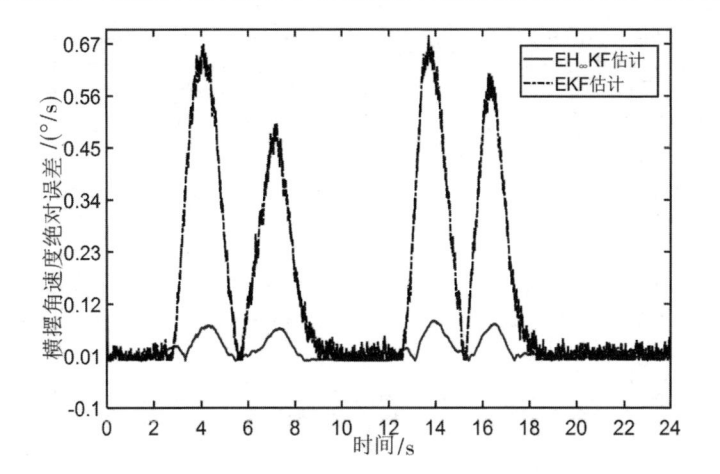

第三章　汽车关键状态估计、路径规划与换道控制策略研究

图 3.40　低附着系数路面横摆角速度估计绝对误差

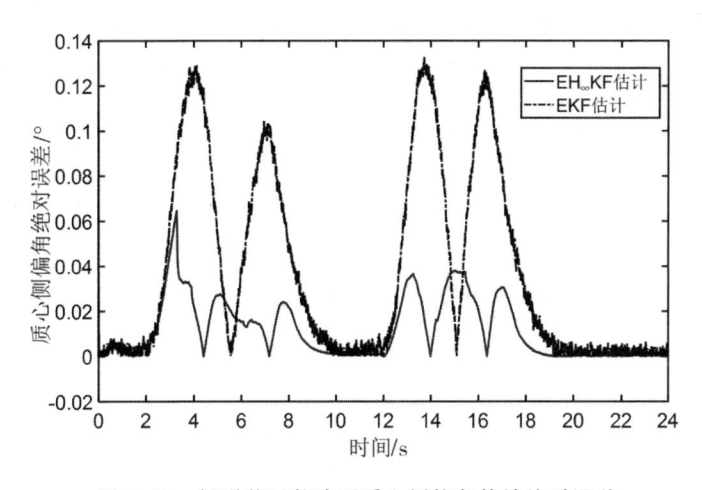

图 3.41　低附着系数路面质心侧偏角估计绝对误差

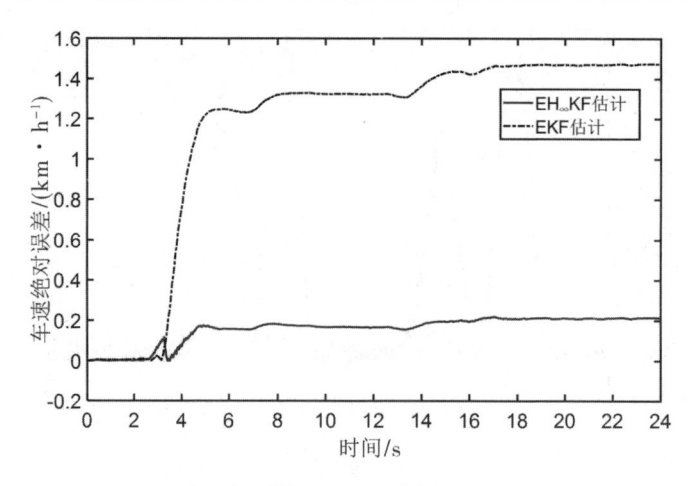

图 3.42　低附着系数路面车速估计绝对误差

表 3.5　低附着系数路面估计结果的均方根误差(RMSE)

RMSE	横摆角速度	质心侧偏角	车速
EKF	0.279 7	0.061 9	1.412 6
EH$_\infty$KF	0.033 6	0.019 0	0.194 3

综合以上所有的仿真试验结果可以看出，在系统噪声不确定和模型参数摄动的情况下，本书提出的双 EH$_\infty$KF 估计方法更优越于双 EKF 方法。

第三节　纵向安全距离模型的建立

本书重点研究高速公路双车道中，左侧车道有两辆车右边车道有一辆车的道路情况下，自车在前方车辆突然紧急制动情况下的安全避撞，一般驾驶员已来不及反应，由机器直接接替驾驶员控制汽车避撞，故在车辆制动过程分析中去除驾驶员反应时间，但在前方车辆紧急制动时，如果两车相对距离较远，还是可以正常制动的，为不失一般性，在建立安全距离模型时，仍然考虑驾驶员反应时间，具体模型如下：

1. 纵向安全距离模型

在行驶过程中，驾驶员根据前方行车状况，接受紧急制动信号后，经过动作并控制车辆减速或停止下来。在这个时间段内，车辆制动踏板力、制动减速度和制动时间三者之间的关系可以用图 3.43 来表示。制动过程所需时间包括驾驶员反应时间 τ_1、制动器作用时间 τ_2、制动持续时间 τ_3 和制动器解除时间 τ_4[117]。

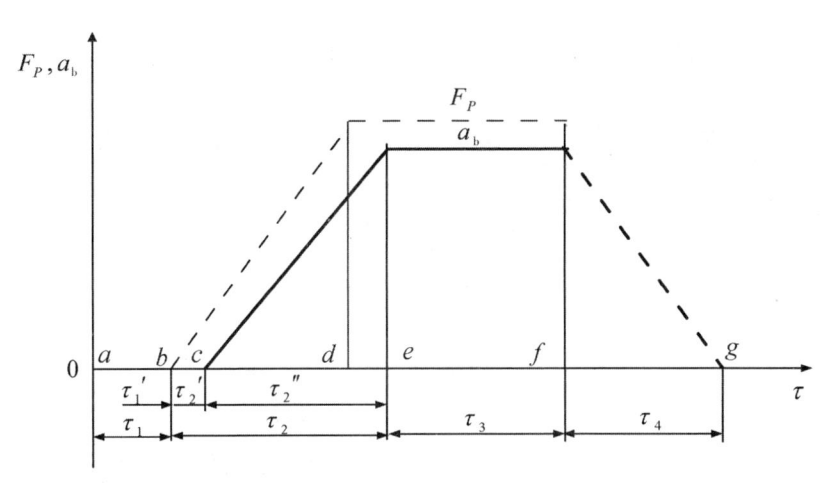

图 3.43 汽车制动过程

下面对汽车制动过程进行详细分析：

(1) 假设自车 F 初始速度为 u_{xr0}，驾驶员反应时间为 τ_1（一般为 0.3～1 s），本书定义驾驶员反应阶段所行驶的距离为预警距离 d_{re}，鉴于安全性，取 τ_1 为 1 s，则有

$$d_{re} = u_{xr0}\tau_1 = u_{xr}(0) \tag{3.41}$$

(2) 在制动器作用时间 τ'_2 内，车速也不变。在 τ''_2 时间内有

$$\frac{du}{d\tau} = k'\tau \tag{3.42}$$

$$k' = -\frac{a_{bmax}}{\tau''_2} \tag{3.43}$$

故

$$\int du = \int k'\tau d\tau \tag{3.44}$$

由图 3.43 中 c 点可知，当 $\tau=0$ 时，$u=u_{xr}(0)$，得 $u=u_{xr}(0)+k'\tau^2$

又有

$$\frac{\mathrm{d}u}{\mathrm{d}\tau} = u_{xr}(0) + k'\tau^2 \tag{3.45}$$

对上式进行积分，在 τ_2 时间段内车辆的制动距离为

$$S_2 = u_{xr}(0)\tau'_2 + u_{xr}(0)\tau''_2 - a_{b\max}\tau''_2 \tag{3.46}$$

其中，$a_{b\max}$ 为自车制动最大减速度；τ'_2 为制动器传递延迟时间；τ''_2 为制动力上升时间。其中，有

$$a_{b\max} = \mu g \tag{3.47}$$

(3)在持续制动时间 τ_3 内，自车以最大减速度 $a_{b\max}$ 匀速行驶一段距离后停止，则有

$$S_3 = \frac{u_{xr}^2(0)}{2a_{b\max}} - \frac{u_{xr}(0)\tau''_2}{2} + \frac{a_{b\max}\tau''_2{}^2}{8} \tag{3.48}$$

因此自车制动距离为

$$d_b = S_2 + S_3 = \left(\tau'_2 + \frac{\tau''_2}{2}\right)u_{xr}(0) + \frac{u_{xr}^2(0)}{2a_{b\max}} - \frac{a_{b\max}\tau''_2{}^2}{24} \tag{3.49}$$

制动器作用时间受制动系统结构形式的影响，根据参考文献[131，132]，τ_2 一般取值为 $0.2\sim0.9\ \mathrm{s}$，由于 τ'_2 很小，对制动距离的影响可忽略不计，取 $\tau''_2 = 0.8\ \mathrm{s}$，则有

$$d_b = 0.8u_{xr}(0) + \frac{u_{xr}^2(0)}{2a_{b\max}} \tag{3.50}$$

(4)最小跟随距离 d_0。最小跟随距离表示自车与目标车辆相对速度为零时所需要保持的车距。当目标车辆静止时，取最小跟随距离为 $3.6\ \mathrm{m}$。当目标车辆运动时，最小跟随车距如式(3.51)[38]所示：

$$d_0 = 0.85u_{xf} + 1.61 \tag{3.51}$$

2. 典型纵向安全距离分析

对于纵向制动，由于不涉及换道，因此正常情况下其他道路上车辆任何状态对自车没有干扰，为此，分析示意图 3.44 中只考虑前车与自车。车辆纵向制动避撞过程中各符号名称如表 3.6 所示。

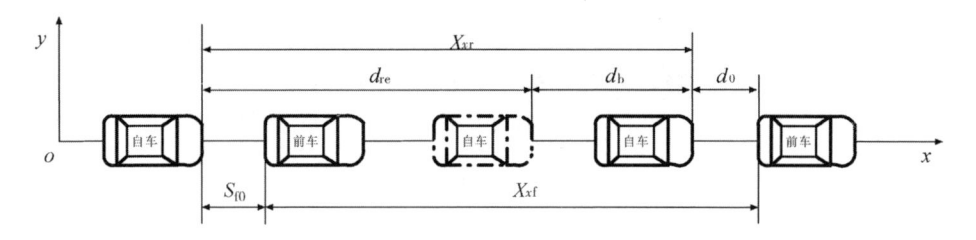

第三章 汽车关键状态估计、路径规划与换道控制策略研究

图 3.44 车辆纵向制动避撞运动过程示意图

表 3.6 车辆纵向制动避撞过程各符号名称

符号	名称含义
d_s	制动安全距离
x_{xf}	前车位移
a_{xf}	前车纵向加速度
u_{xr}	自车纵向速度
u_{xf}	前车纵向速度
a_{xr}	自车纵向加速度
d_{re}	驾驶员反应距离
d_b	制动距离
d_0	最小跟随距离
d_w	预警安全距离
x_{xr}	自车位移

如图 3.44 所示，自车和前车初始相距为 S_{f0}。避撞后，自车的位移为 x_{xr}，前车的位移为 x_{xf}，车距离为 d_0。两车初始距离 S_{f0} 小于或等于预警安全距离时，预警驾驶员纵向制动避撞。两车初始距离 S_{f0} 小于或等于制动安全距离时，控制器干预制动避撞。

当 $S_{f0}=d_w$ 时，由图 3.44 得

$$S_{f0} + x_{xf} = x_{xr} + d_0 \tag{3.52}$$

预警时，自车避撞距离包括驾驶员反应距离，即

$$x_{xr} = d_{re} + d_b \tag{3.53}$$

· 83 ·

所以
$$d_w = S_{f0} = d_{re} + d_b + d_0 - x_{xf} \tag{3.54}$$

当 $S_{f0} = d_s$ 时，制动时，自车避撞距离只包括制动距离，即
$$x_{xr} = d_b \tag{3.55}$$

所以
$$d_s = d_b + d_0 - x_{xf} \tag{3.56}$$

由于考虑突发情况，为此本书只分析前车紧急制动情况，对于前车静止和前车匀速等工况不考虑，具体分析如下：

前车紧急制动（给定制动减速度），自车施加减速度，前车位移为
$$x_{xf} = \frac{-u_{xr}^2(0)}{2a_{bmax}} \tag{3.57}$$

则临界纵向安全距离为
$$d_w = 1.8u_{xr}(0) + \frac{u_{xr}^2(0)}{2a_{bmax}} + 0.85(u_{xf}(0) + a_{xf}t) + 1.61 + \frac{u_{xr}^2(0)}{2a_{bmax}} \tag{3.58}$$

$$d_s = 0.8u_{xr}(0) + \frac{u_{xr}^2(0)}{2a_{bmax}} + 0.85u_{xf}(0) + 1.61 + \frac{u_{xr}^2(0)}{2a_{bmax}} \tag{3.59}$$

第四节 侧向换道路径规划与换道控制策略研究

换道一般分为强制换道（mandatory lane change，简称 MLC）和自由换道（discretionary lane change，简称 DLC）[133]，本书研究紧急情况下通过换道进行避撞，研究强制换道。避撞时，需要考虑其他车道上车辆的状态。

1. 侧向换道路径规划

本书通过对侧向加速度进行控制，控制车辆转向过程，实现转向换道紧急避撞。侧向换道避撞运动过程示意图见 3.45，转向换道避撞过程中各符号定义见表 3.7。

规划合理的换道路径的目的是车辆在紧急情况时在兼顾乘员舒适性的条件下安全稳定地实现换道，但是只用乘员舒适、车辆稳定安全等较为模糊的词汇是很难对各个换道路径的好坏做出直观评价的，因此必须要先明确换道

路径的评价标准。

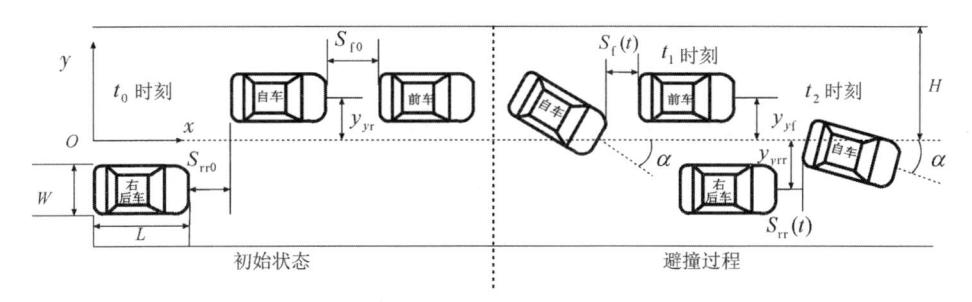

图 3.45 车辆侧向换道避撞运动过程示意图

表 3.7 车辆转向换道避撞过程各符号定义

符号	含义	符号	含义
a_{yr}	自车侧向加速度	t_{lat}	换道时间
v_{yr}	自车侧向速度	H	车道宽度
y_{yr}	自车侧向位移	t_{adj}	换道时刻
s_{f0}	自车与前车初始距离	$s_r(t)$	自车与右前车距离函数
s_{r0}	自车与右前车初始距离	a_{yrf}	右前车侧向加速度
$s_f(t)$	自车与前车距离函数	a_{yf}	前车侧向加速度
v_{yf}	前车侧向速度	v_{yrf}	右前车侧向速度
S_{rr0}	自车与右后车初始距离	$S_{rr}(t)$	自车与右后车距离函数
y_{yf}	前车侧向位移	x_e	整个换道过程总纵向位移
t_e	整个换道过程所用时间		

表3.8列出了较优的换道路径所应满足的相关准则与边界条件。其中前四条的要求是显而易见的，无须过多解释，后三条则是设计一条平滑的换道路径必须满足的数学形式。其中第五条描述了曲率的边界条件，符号 k 表示曲率，即在换道开始和换道结束的地点，路径的曲率都应为0，并且变化率也应为0。第六条描述了路径的单值函数的边界条件，值得一提的是第三项，其中符号 θ 表示路径与车道线的夹角（或者称为车辆航向角），即在换道的开

始和结束的地点,路径与车道线的夹角应为0,并且其变化率也应为0,这条规则保证了换道前后车辆与车道线平行。第七条则描述了以时间为参数变量的边界条件。

表 3.8 换道路径所应满足的相关准则和边界条件

序号	评价标准
1	路径曲率连续并且平滑
2	路径长度最短
3	路径曲率最小
4	车辆侧向跃度最小
5	曲率边界条件:$k(0)=k(x_e)=0$ 并且 $\dfrac{\mathrm{d}k}{\mathrm{d}x}=(0)=\dfrac{\mathrm{d}k}{\mathrm{d}x}(x_e)=0$
6	单值函数的边界条件:$y(0)=0$,$y(x_e)=y_e$,$\dfrac{\mathrm{d}y}{\mathrm{d}x}(0)=\dfrac{\mathrm{d}y}{\mathrm{d}x}(x_e)=0$,并且 $\theta(0)=\dot{\theta}(0)=\theta(x_e)=\dot{\theta}(x_e)=0$
7	以时间为参数变量的边界条件:$x(0)=y(0)=\dot{y}(0)=\dot{y}(t_e)=0$, $x(t_e)=x_e$,$y(t_e)=y_e$,并且 $\theta(0)=\dot{\theta}(0)=\theta(t_e)=\dot{\theta}(t_e)=0$

在满足表 3.8 所列出的各条规则的前提下,换道路径模型还应尽可能地简单,从而减少避撞系统的计算工作量,保证模型的实时性、准确性。基于以上要求,本书借鉴了文献[36]的研究方法和相关研究结论。即采用一元高次多项式来描述一个较为理想的换道路径,这个多项式的最高次数可以是任意的,但是次数过低不能将路径描绘得平滑,而次数过高则会增加模型的复杂性和计算时间。式(3.60)表示的是一元 n 次多项式的一般形式:

$$y(x)=a_0+a_1x+a_2x^2+\cdots+a_nx^n \tag{3.60}$$

设定多项式最高次数为 5 次,根据边界条件得

$$y(0)=\dot{y}(0)=\ddot{y}(0)=0,\quad y(x_e)=y_e,\quad \dot{y}(x_e)=\ddot{y}(x_e)=0 \tag{3.61}$$

本书经过对比分析,采取了基于五阶多项式的换道路径,在满足规划路

径起始点和终止点约束和曲率约束后,求得五阶多项式方程为

$$y_{\text{ref}}(x) = y_e \left[10 \left(\frac{x_{\text{ref}}}{x_e} \right)^3 - 15 \left(\frac{x_{\text{ref}}}{x_e} \right)^4 + 6 \left(\frac{x_{\text{ref}}}{x_e} \right)^5 \right] \quad (3.62)$$

其中,x_e 为整个换道过程总纵向位移;y_e 为车辆完成换道过程总侧向位移。

由于本书所设计的紧急换道控制系统是以时间为变量进行控制的,同时考虑到车辆进行换道时的航向角很小,则有 $x_e = u \cdot t$,以时间为参数变量的期望换道路径函数为

$$y_{\text{ref}}(t) = (y_e/t_e^5)(6t^5 - 15t_e t^4 + 10t_e^2 t^3) \quad (3.63)$$

其中,$0 \leqslant t \leqslant t_e$;$y_e$ 为车辆完成整个换道过程的侧向位移,一般取为一个标准的车道宽度;而 t_e 为整个换道过程所用时间,其取值大小会直接影响车辆在换道时的最大侧向加速度。而后者又关系到车辆的稳定性,下面进行详细讨论。

紧急换道要求规划的路径能满足侧向加速度约束,为了保证路径的可行性和车辆安全性,对换道过程的侧向加速度进行了限制,分成了四个等级[134]。

(1)正常级,用来描述相对较低的侧向加速度:

$$0 \leqslant a_y \leqslant (0.25v - (v/44)^{1.85})g$$

(2)较强级,描述中等程度的侧向加速:

$$(0.25v - (v/44)^{1.85})g \leqslant a_y \leqslant (0.22 - 0.002v)g$$

(3)限制级,用来表示较高的侧向加速度:

$$(0.22 - 0.002v)g \leqslant a_y < 0.67vg$$

(4)最大级,用来描述非常高的侧向加速度:

$$0.67vg \leqslant a_y < 0.85vg$$

设定期望的侧向加速度函数为 $a_{\text{ref},y}(t)$,对式(3.63)进行求导得

$$a_{\text{ref},y}(t) = (60 y_e/t_e^5)(2t^3 - 3t_e t^2 + t_e^2 t), \quad 0 \leqslant t \leqslant t_e \quad (3.64)$$

采取了基于五阶多项式的换道路径,在满足规划路径起始点和终止点约束和曲率约束后,求得五阶多项式方程为

$$y_{\text{ref}}(x) = y_e \left[10 \left(\frac{x_{\text{ref}}}{x_e} \right)^3 - 15 \left(\frac{x_{\text{ref}}}{x_e} \right)^4 + 6 \left(\frac{x_{\text{ref}}}{x_e} \right)^5 \right] \quad (3.65)$$

其中，x_e 为整个换道过程总纵向位移；y_e 为车辆完成换道过程总侧向位移。

由于直接建立制动转向安全距离模型时，制动和转向存在较多的耦合，模型复杂，本书分别建立制动和转向的安全距离模型，然后通过协调控制来达到避撞的目的。

2. 侧向规划路径模型分析

(1)两车道自车、前车、右前车三车转向换道避撞，如图 3.46 所示。

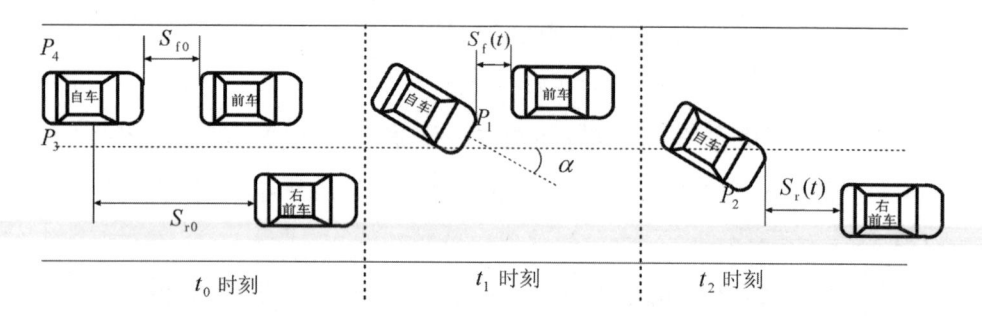

图 3.46 自车、前车、右前车三车转向换道避撞位置图

工况设定：自车道有自车和前车，右侧目标车道有一辆前车。自车通过转向避免与本车道前车发生碰撞，进入目标车道的过程中避免与目标车道车辆发生碰撞。考虑换道过程的安全性，本书自车在换道过程中，自车始终在目标车道前车的后面，不进行超车换道，必要时进行减速换道。设本书所研究车辆左前角、右前角、右后角和左后角分别为 P_1、P_2、P_3 和 P_4 点。自车为 y_r 车，前车为 y_f，右前车为 y_{rf}，右后车为 y_{rr}，自车与前车的碰撞时间为 t_M，自车与右前车的碰撞时间为 t_{N_1}，换道过程总时间为 t_{lat}，自车与右后车碰撞点的时间 t_{N_2}。$S_f(t)$ 为自车的 P_1 点与自车道前车的 P_4 点之间的间距。$S_r(t)$ 为自车的 P_1 点与目标车道前车的 P_3 点之间的间距。取 P_1 点为参考点，根据运动学知识得

$$S_f(t) = S_{f0} + \int_0^t \int_0^\tau (a_{xf}(t) - a_{xr}(t)) \mathrm{d}t \mathrm{d}\tau + (u_{xf}(0) - u_{xr}(0))t \quad (3.66)$$

$$S_r(t) = S_{r0} + \int_0^t \int_0^\tau (a_{xrf}(t) - a_{xr}(t)) \mathrm{d}t \mathrm{d}\tau + (u_{xrf}(0) - u_{xr}(0))t$$

$$(3.67)$$

由图 3.45 知，$t \in [0, t_M]$ 时，自车与前车可能发生追尾、斜向碰撞和侧向碰撞。当 $t \in [t_{N_1}, t_{\text{lat}}]$ 时，自车与右前车可能发生斜向碰撞、侧向碰撞和追尾。要保证自车在任一时刻 t 内与前车和右前车都不发生任何形式的碰撞，则 $S_f(t) > 0$ 且 $S_r(t) > 0$。考虑到紧急避撞情况下，自车纵向加速度的控制存在微小的延时及波动，如果设定临界距离时仅考虑 $S_f(t) > 0$ 且 $S_r(t) > 0$，则容易发生斜向碰撞、侧向碰撞等。本书基于紧急避撞情况下临界距离设定，根据调查统计设定静态安全距离为 2 m，即保证任一时刻，$S_f(t) \geqslant 2$ 且 $S_r(t) \geqslant 2$。

由式(3.66)得自车与前车的最小初始安全距离为

$$S_{f0} = \int_0^t \int_0^\tau (a_{xr}(t) - a_{xf}(t)) \mathrm{d}t \mathrm{d}\tau + (u_{xr}(0) - u_{xf}(0))t + 2 \quad \forall t \in [0, t_M]$$
(3.68)

由式(3.67)得自车与右前车的最小初始安全距离为

$$S_{r0} = \int_0^t \int_0^\tau (a_{xr}(t) - a_{xrf}(t)) \mathrm{d}t \mathrm{d}\tau + (v_{xr}(0) - v_{xrf}(0))t + 2 \quad \forall t \in [t_{N_1}, t_{\text{lat}}]$$
(3.69)

对式(3.69)进行碰撞分析，如图 3.47 所示。

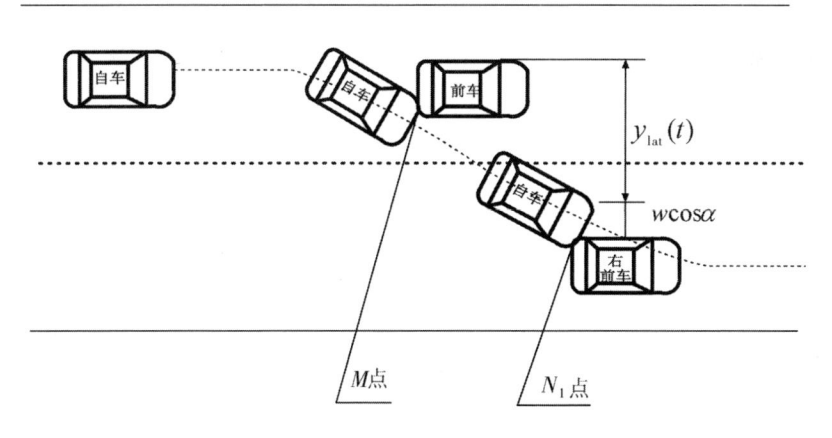

图 3.47 自车、前车、右前车三车转向换道避撞过程分析图

由式(3.69)与图 3.47 知，自车与前车碰撞点为 M 点，自车与右前车的碰撞点为 N_1 点。自车与前车的碰撞点为 M 点，由图 3.12 得碰撞时自车与

前车侧向位移关系为

$$y_{yr}(t_M) = y_{yf} + W \tag{3.70}$$

由式(3.65)和式(3.70)可以得到自车与前车的碰撞时间 t_M。自车与右前车的碰撞点为 N_1 点,由图3.47得到碰撞时自车和右前车侧向位移关系为

$$y_{yr}(t_{N_1}) + W\cos\alpha(t_{N_1}) = y_{yrf} \cong H \tag{3.71}$$

自车从自车道换道后进入目标车道的侧向位移约为车身宽度 H。

$$\cos\alpha(t) = \frac{u_{xr}}{\sqrt{u_{xr}^2 + v_{yr}(t)^2}} \tag{3.72}$$

由式(3.65)、式(3.71)和式(3.72)得到自车与右前车的碰撞时间 t_{N_1}。

(2)两车道自车、前车、右后车三车转向换道避撞,如图3.48所示。

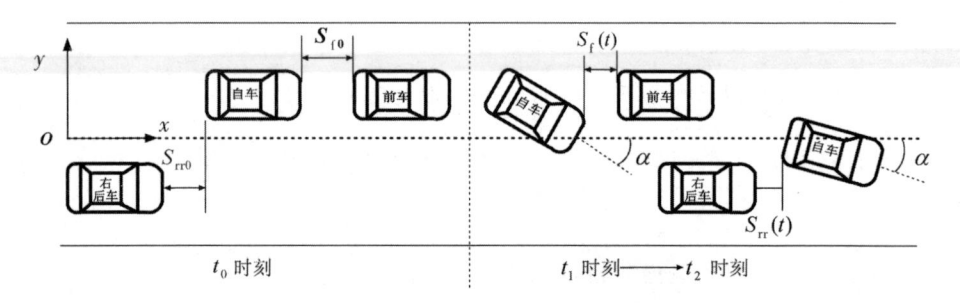

图3.48 自车、前车、右后车三车转向换道避撞位置图

图3.48为自车、前车、右后车三车转向换道避撞位置图。工况设定:自车道有自车和前车,右侧目标车道有一辆后车。自车通过转向避免与本车道前车发生碰撞,进入目标车道的过程中避免与目标车辆发生碰撞。考虑换道过程的安全性,自车检测目标车道后车车速,当目标车道车速低于自车车速时进行换道(由于右侧车道为低速车道,一般情况下自车车速比右后车的车速高)。换道过程中自车始终位于目标车道的前方。

$S_{rr}(t)$ 为右后车的 P_1 点与自车的 P_3 点之间的间距。取 P_3 点研究比较方便,但考虑综合控制的需要,仍取 P_1 为参考点,自车与前车的距离函数同式(3.68)。根据运动学知识得自车与右后车的运动函数为

$$S_{rr}(t) = S_{rr0} + \int_0^t\!\!\int_0^\tau (a_{xr}(t) - a_{xrr}(t))\mathrm{d}t\mathrm{d}\tau + (u_{xr}(0) - u_{xrr}(0))t - (x_{MP_1} - x_{MP_3}) \tag{3.73}$$

自车左前点和右后点的关系为

$$x_{MP_1} - x_{MP_3} = W\sin\alpha + L\cos\alpha \tag{3.74}$$

同理分析，$t \in [0, t_M]$ 时，自车与前车可能发生追尾、斜向碰撞和侧向碰撞。当 $t \in [t_{N_2}, t_{lat}]$ 时，自车与右后车可能发生斜向碰撞、侧向碰撞和追尾。要保证自车在任一时刻 t 内与前车和右后车都不发生任何形式的碰撞，则 $S_{rr}(t) > 0$ 且 $S_r(t) > 0$。考虑到紧急避撞情况下，自车纵向加速度的控制存在微小的延时及波动，如果设定临界距离时仅考虑 $S_{rr}(t) > 0$ 且 $S_r(t) > 0$，则容易发生斜向碰撞、侧向碰撞等。本书基于紧急避撞情况下临界距离设定，根据调查统计设定静态安全距离为 2 m，即保证任一时刻 $S_f(t) \geqslant 2$ 且 $S_r(t) \geqslant 2$。由式(3.73)和式(3.74)得自车与右后车两车之间纵向最小初始安全距离满足关系式(3.75)：

$$S_{rr}(0) = \int_0^t \int_0^\tau (a_{xrr}(t) - a_{xr}(t))dt d\tau + (u_{xrr}(0) - u_{xr}(0))t + (W\sin\alpha + L\cos\alpha) + 2 \tag{3.75}$$

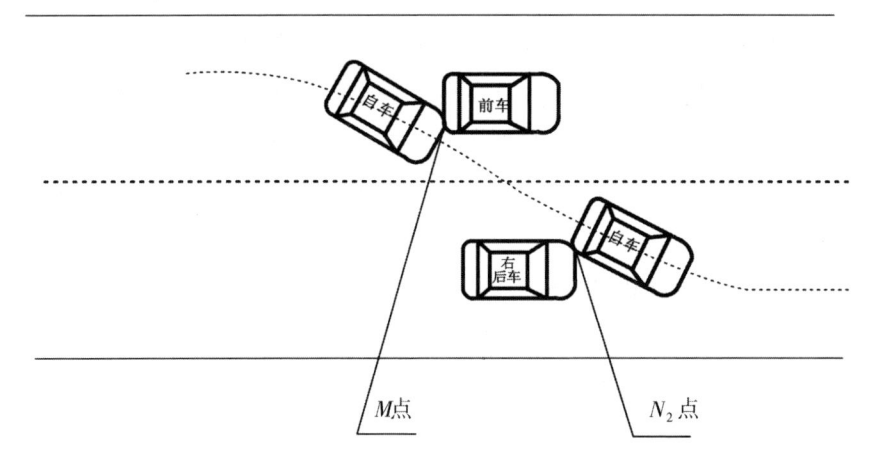

图 3.49 自车、前车、右后车三车转向换道避撞过程分析图

分析式(3.75)得：

$$(W\sin\alpha + L\cos\alpha) = \sqrt{W^2 + L^2}\sin(\alpha + \varphi), \varphi = \arctan\frac{L}{W} \tag{3.76}$$

其中，φ 为定值。则当 α 取最大值时，式(3.76)取最大值。由碰撞过程知，

最大值在碰撞时刻取得：

$$M = \max(W\sin\alpha + L\cos\alpha) = W\sin\alpha(t_{N_2}) + L\cos\alpha(t_{N_2}) \quad (3.77)$$

由图 3.49 知，对碰撞时刻进行分析，自车与右后车碰撞时，由于自车左前点与右后点的侧向位移相差很少，因此设自车右后点的侧向位移等于左前点的侧向位移。自车与右后车在碰撞点的侧向位移关系为

$$y_{yr}(t_{N_2}) = y_{yrr} \cong H \quad (3.78)$$

由式(3.78)可以得到自车与右后车碰撞点的时间 t_{N_2} 。

因此，自车和右后车的最小安全距离为

$$S_{rr}(_0 = \max_t \left(\int_0^t \int_0^\tau (a_{xrr}(t) - a_{xr}(t)) \mathrm{d}t\mathrm{d}\tau + (u_{xrr}(0) - u_{xr}(0))t + (W\sin\alpha(t_{N_2}) + L\cos\alpha(t_{N_2})) + 2 \right), \forall t \in [t_{N2}, t_{lat}]$$

$$(3.79)$$

3. 汽车紧急换道避撞的模型预测控制策略研究

模型预测控制(MPC)是一种滚动求解带约束优化问题的控制方法。其最大的优势是能在控制过程中增加多种约束，能更合理有效地控制车辆的路径规划和跟踪过程，也能进一步简化结果，提高控制系统可靠性。前几小节规划了期望换道路径曲线，建立了合适的安全距离模型，本节通过将模型预测控制算法和车辆动力学模型分析相结合，设计模型预测跟踪控制器，并借助动力学 CarSim 软件和 Matlab/Simulink 软件进行联合仿真，验证车辆跟踪给定期望路径的情况。

1) MPC 换道避撞控制系统车辆动力学模型

本节研究仅需采用具有侧向运动、横摆运动和纵向运动的三自由度车辆非线性动力学模型，因此可以忽略整车七自由度动力学模型中的四个轮胎模型，对图 2.2 进行改动后，得到三自由度车辆模型如图 3.50 所示。

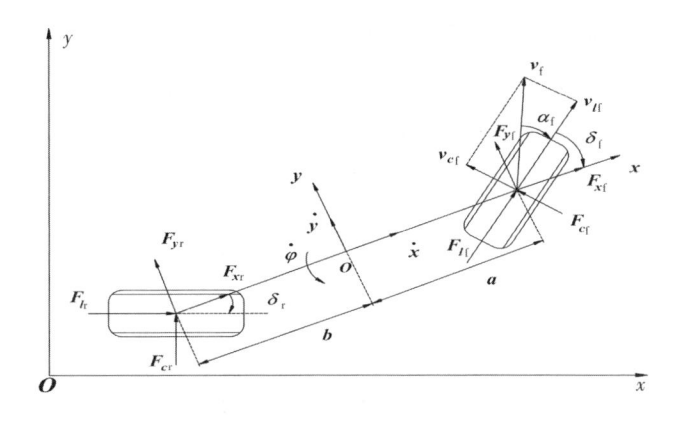

图 3.50 三自由度车辆模型

车辆运动微分方程为

$$\begin{cases} m\ddot{x} = m\dot{y}\dot{\varphi} + 2F_{xf} + 2F_{xr} \\ m\ddot{y} = -m\dot{x}\dot{\varphi} + 2F_{yf} + 2F_{yr} \\ I_z\ddot{\varphi} = 2aF_{yf} - 2bF_{yr} \end{cases} \tag{3.80}$$

其中，a，b 分别为汽车质心到前轴和后轴的距离；m 为整车整备质量；I_z 为车辆质心绕轴的转动惯量；φ 为车辆横摆角。车辆质心在惯性坐标系 xOy 中的平面运动方程为

$$\dot{X} = \dot{x}\cos\varphi - \dot{y}\sin\varphi, \quad \dot{Y} = \dot{x}\sin\varphi + \dot{y}\cos\varphi \tag{3.81}$$

轮胎纵、侧向速度分别为 v_l，v_c，与其在 x，y 方向上的速度的关系为（其中 δ 为轮胎偏转角）

$$\begin{cases} v_l = v_y\delta + v_x\cos\delta \\ v_c = v_y\cos\delta = v_x\sin\delta \end{cases} \tag{3.82}$$

由图 3.49 可推导出轮胎速度和车速关系为

$$v_{yf} = \dot{y} + a\dot{\varphi}, \quad v_{yr} = \dot{y} - b\dot{\varphi} \tag{3.83}$$

$$v_{xf} = \dot{x}, \quad v_{xr} = \dot{x} \tag{3.84}$$

轮胎纵、侧向力与其在 x，y 方向的合力的关系为

$$\begin{cases} F_y = F_l\sin\delta + F_c\cos\delta \\ F_x = F_l\cos\delta - F_c\sin\delta \end{cases} \tag{3.85}$$

轮胎纵向力和侧向力可表示为以下多变量的复杂函数：

$$F_1 = f_1(\alpha, s, \mu, F_z), \quad F_c = f_c(\alpha, s, \mu, F_z) \tag{3.86}$$

其中，s 为滑移率；α 为轮胎侧偏角；μ 为路面附着系数；F_z 为轮胎受到的垂向载荷。轮胎侧偏角 α 由几何关系可以计算得

$$\alpha = \arctan \frac{v_c}{v_1} \tag{3.87}$$

滑移率计算公式为

$$s = \begin{cases} \dfrac{r\omega}{v_1} - 1, & \text{若 } v_1 > r\omega, \ v_1 \neq 0 \\ 1 - \dfrac{v_1}{r\omega}, & \text{若 } v_1 < r\omega, \ \omega \neq 0 \end{cases} \tag{3.88}$$

其中，r 为车轮半径；ω 为车轮角速度。

当车速变化不大时，前后轴的载荷转移可忽略不计，则得到车辆前、后轮受到的垂向载荷为

$$F_{zf} = \frac{bmg}{2(a+b)}, \quad F_{zr} = \frac{amg}{2(a+b)} \tag{3.89}$$

由式(3.80)~式(3.89)可推导出车辆非线性动力学模型。

可将系统描述为以下状态空间表达式：

$$\begin{aligned} \frac{\mathrm{d}\xi}{\mathrm{d}t} &= f(\xi(t), u(t)) \\ \eta(t) &= h(\xi(t)) \end{aligned} \tag{3.90}$$

选择 $x = [\dot{y}, \dot{x}, \varphi, \dot{\varphi}, Y, X]^\mathrm{T}$ 作为状态量，控制量前轮转角为 $u = [\delta_f]$，输出量为 $\eta = [\varphi, Y]^\mathrm{T}$。该模型即为模型预测(MPC)控制器中预测模型的基础。

2) 基于 MPC 预测控制的换道避撞系统总体结构

换道避撞系统需在保持车辆稳定性和安全性的前提下，根据前方障碍车的状态信息及行车环境，判断当前车距是否安全，规划出换道路径，通过设计相应的控制器，控制车辆执行紧急换道动作，以实现期望的避障目的。系统整体框图如图3.51所示。

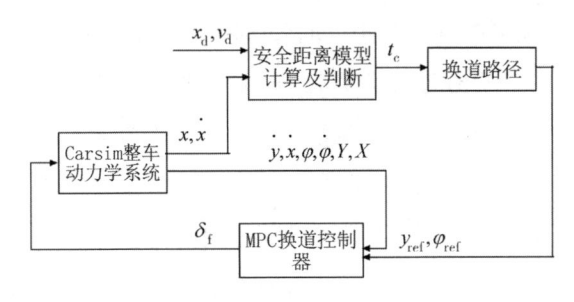

第三章 汽车关键状态估计、路径规划与换道控制策略研究

图 3.51 换道避撞控制系统总体结构框图

其中，x_d，v_d 为前车纵向位移和车速；t_c 为预碰撞时刻；δ_f 为车辆前轮转角；φ 为车辆横摆角；x，y 分别为自车的纵向和横向位移；X，Y 为自车位置的纵坐标和横坐标；y_{ref}，φ_{ref} 分别为给定参考路径的横向位移和横摆角。

假设双直行车道上只有自车 F 和前车 D。F 车位于 D 车后方并同道行驶，相邻车道上无其他车辆，且 D 车匀速向前行驶。图 3 所示为汽车紧急换道示意图。

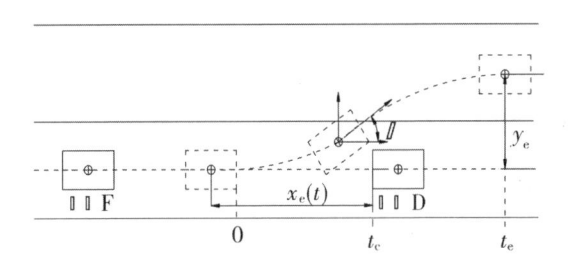

图 3.52 汽车换道位置示意图

其中，y_e 为车辆换道完成后的侧向位移，采用高速公路标准车道宽为 3.75 m；t_e 为换道完成时间；$S(t)$ 为车道换道的纵向位移；θ 为车辆航向角。

3）基于 MPC 预测控制的换道路径规划

基于避撞目的的车道紧急换道路径有多种，经过对比分析，本书采取了基于五阶多项式的换道路径，在满足规划路径起始点和终止点约束和曲率约束后，求得五阶多项式方程为

$$y_{ref}(x) = y_e \left[10 \left(\frac{x_{ref}}{x_e} \right)^3 - 15 \left(\frac{x_{ref}}{x_e} \right)^4 + 6 \left(\frac{x_{ref}}{x_e} \right)^5 \right] \quad (3.91)$$

其中，x_e 为换道纵向位移；x_{ref} 为给定期望路径纵向位移。

4) 基于 MPC 预测控制的最小纵向安全距离模型

假设当前车 D 车的侧向加速度 $a_{dy}=0$，在换道过程中 D 车在只在本车道上直线行驶，无左右移动。紧急换道过程中，车辆与前车或前方障碍物不发生碰撞的必要条件[7]为当车辆外侧前角部分的横向位移等于前车或障碍物的宽度 w 时，自车和前车或前方障碍物仍保持有一定空间。由图 3.52 中自车 F 车和 D 车之间的距离关系及式(3.91)的期望换道路径，可得出车辆避免发生碰撞的侧向位移临界条件为

$$w = \frac{y_e}{t_e{}^5}(6t_c{}^5 - 15t_e t_c{}^4 + 10t_e{}^2 t_c{}^3) \tag{3.92}$$

表示为两车之间纵向位移关系的临界碰撞条件为

$$x_f(t) \geqslant x_d(t) + L_v + w\sin(\theta(t)), \ t \in [0, t_c] \tag{3.93}$$

其中，w 为车辆宽度；L_v 为车辆长度尺寸；x_f 为 F 车纵向位移。令：

$$x_e(t) = x_f(t) - [x_d(t) + L_v + w\sin(\theta(t))] \tag{3.94}$$

其中，有

$$\theta(t) = \tan^{-1}\frac{\partial y_f(t)/\partial t}{\partial x_f(t)/\partial t} = \tan^{-1}\frac{\partial v_{fx}(t)}{\partial v_{fy}(t)} \tag{3.95}$$

车辆不发生碰撞的条件为式(3.96)大于零，即

$$x_e(t) = x_{e0}(0) + \int_0^t \int_0^\sigma (a_d(t) - a_f(t))\mathrm{d}t\mathrm{d}\sigma + (v_d(0) - v_f(0)t) > 0$$

$$t \in [0, t_c] \tag{3.96}$$

其中，$x_{e0}(0) = x_d(0) - L_v - x_f(0)$

假设换道初始时两车车辆首尾相接，由式(3.96)可求得两车不发生碰撞的最小初始值纵向换道距离为

$$\text{MSS} = \min \int_0^t \int_0^\sigma (a_d(t) - a_f(t))\mathrm{d}t\mathrm{d}\sigma + (v_d(0) - v_f(0)t), \ t \in [0, t_c] \tag{3.97}$$

考虑车辆长度尺寸及静态安全距离 d 等，由式(3.92)、式(3.94)、式(3.95)、式(3.97)可得较为精确的最小纵向距离为

$$\text{MSS} = (v_f - v_d)t_c + L_v\cos\theta + d \tag{3.98}$$

5）MPC 换道控制器设计

MPC 控制器设计的目标函数要能保证车辆快速而平稳地跟踪期望路径，因此需要对系统的状态量的偏差进行控制并对控制量进行优化。

由前述可知，给定期望路径和横摆角函数为分别为 $y_{ref}(t)$ 和 $\varphi_{ref}(t)$。则每个预测时域期望的输出量为 $\eta_{ref}=[\varphi_{ref},y_{ref}]$。则目标函数为

$$J(k)=\sum_{k=1}^{H_p}\|\eta(t+k\mid t)-\eta_{ref}(t+k\mid t)\|_Q^2+\sum_{k=1}^{H_c-1}\|\Delta u(t+k\mid t)\|_R^2+\rho\varepsilon^2 \quad (3.99)$$

其中，第一项表示了系统对参考路径的跟踪能力；第二项表示了对控制量平稳变化的要求；第三项能保证目标函数在每个预测范围内有可行解；H_p 为预测时域；H_c 为控制时域；Q，R 为权重矩阵；ρ 为权重系数；ε 为松弛因子（$\varepsilon>0$）。

汽车受各项性能及道路附着系数等外在因素的影响，在控制过程中只有满足一定的控制变量极限约束和控制变量增量约束才能保证汽车快速且平稳完成换道过程。因此需要对前轮转角进行约束，则控制量约束表达形式为

$$u_{min}(t+k)\leqslant u(t+k)\leqslant u_{max}(t+k),k=0,1,\cdots,H_c-1 \quad (3.100)$$

控制量增量约束表达形式为

$$\Delta u_{min}(t+k)\leqslant \Delta u(t+k)\leqslant \Delta u_{max}(t+k)$$
$$k=0,1,\cdots,H_c-1 \quad (3.101)$$

输出量的约束表达形式为

$$y_{min}(t+k)\leqslant y(t+k)\leqslant y_{max}(t+k),k=0,1,\cdots,H_c-1 \quad (3.102)$$

具体为

$|\delta|\leqslant 10°$，$|\Delta\delta|\leqslant 0.8°$，$|\varphi|\leqslant 0.3\,rad$，$y_{ref}\in[0,4m]$

随着车辆速度的增加，动力学特性对运动规划与控制的影响明显增大。车辆在高速行驶时执行机构的控制输入，轮胎与地面摩擦引起的滑移，以及横向加速度引起的侧倾等动力学非线性约束条件比低速情况下更加苛刻[11]。

因此，对动力学模型进行约束是能进一步保障车辆行驶的安全性和稳定性。

动力学约束：根据博世公司的车辆稳定性研究和综合车辆稳定性条件[1]设置以下约束。

质心侧偏角：
$$-12° < \beta < 12°（良好路面）$$
$$-2° < \beta < 2°（冰雪路面）$$

加速度极限约束：$a_{y,\min} \leqslant a_y \leqslant a_{y,\max}$。其中，$a_{y,\min}$，$a_{y,\max}$ 分别为加速度约束最值。

前轮偏角：$-2.5° < \alpha_{f,t} < 2.5°$。

综合以上目标函数和约束条件，基于模型预测控制的紧急换道控制器在每个控制周期内要解决的优化问题为

$$\begin{aligned}
\min &\sum_{k=1}^{H_p} \| \eta(t+k \mid t) - \eta_{\text{ref}}(t+k \mid t) \|_{\boldsymbol{Q}}^2 + \\
&\sum_{k=1}^{H_c-1} \| \Delta u(t+k \mid t) \|_{\boldsymbol{R}}^2 + \rho \varepsilon^2 \\
\text{s.t.} \quad &\Delta u_{\text{dyn},\min} \leqslant \Delta u_{\text{dyn},t} \leqslant \Delta u_{\text{dyn},\max} \\
&u_{\text{dyn},\min} \leqslant A \Delta u_{\text{dyn},t} + u_{\text{dyn},t} \leqslant \Delta u_{\text{dyn},\max} \\
&y_{\min} \leqslant y_t \leqslant y_{\max}
\end{aligned} \tag{3.103}$$

其中，$u_{\min}$ 和 $u_{\max}$ 分别为控制时域内的控制量最大值和最小值集合；$\Delta u_{\min}$ 和 $\Delta u_{\max}$ 为控制增量的最大值和最小值集合。

式(3.103)应转化为二次规划问题，对转化后的二次规划问题采用有效集法求解。在每个控制周期内完成求解及约束条件的限制后，得到控制时域 N_c 内一系列的控制输入增量，将每个周期控制序列中的第一个输入作为实际的控制输入增量，得到的输入进入下一个控制周期后，循环重复上述控制过程，完成对理想路径的跟踪控制。

6) 仿真验证及结果分析

仿真模拟中整车动力学系统采用 Carsim 仿真平台中某轿车，整车的参数如表 3.9 所示。假设前车速度 75 km/h，自车车速 120 km/h，两车初始车距

为 30 m。MPC 控制器基本参数设置为：$T=0.04$ s；$N_p=20$；$N_c=10$；权重矩阵设置为 $R=8\times 10^5$，$\rho=1\,000$，

$$Q=\begin{bmatrix} 2\,000 & 0 & 0 \\ 0 & 4\,000 & 0 \\ 0 & 0 & 1\,000 \end{bmatrix}$$

表 3.9　车辆参数

参数	数值
整车总质量 m/kg	1 370
车辆绕铅垂轴转动惯 I_z/(kg·m²)	4 192
质心至前轴距离 a/m	1.110
质心至后轴距离 b/m	1.666
前轮侧偏刚度 k_1/(N·rad^{-1})	−131 000
后轮侧偏刚度 k_2/(N·rad^{-1})	−103 000
路面附着系数 μ	0.8

仿真通过与 PID 控制对比来评价 MPC 的控制效果。图 3.53～图 3.55 分别为紧急换道过程中侧向位移、车间距、侧向加速度以及前轮转角的仿真结果。

由图 3.53 可知，汽车通过 MPC 控制的行驶路径超前于规划的能避开前车的最小临界路径，即期望路径。说明自车可以安全地避开前车，同时保证一定的安全裕度。反之，基于 PID 控制的路径滞后于期望路径且最后总的侧向位移明显偏离期望路径，安全性不足。

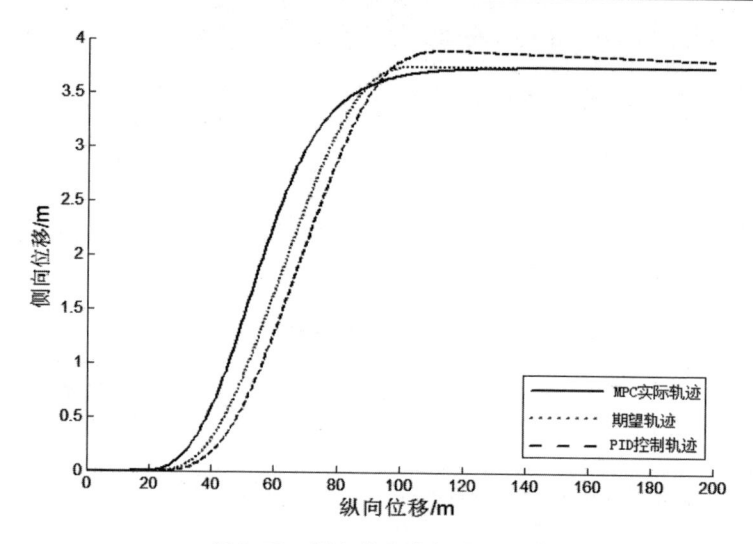

图 3.53 侧向位移路径对比曲线

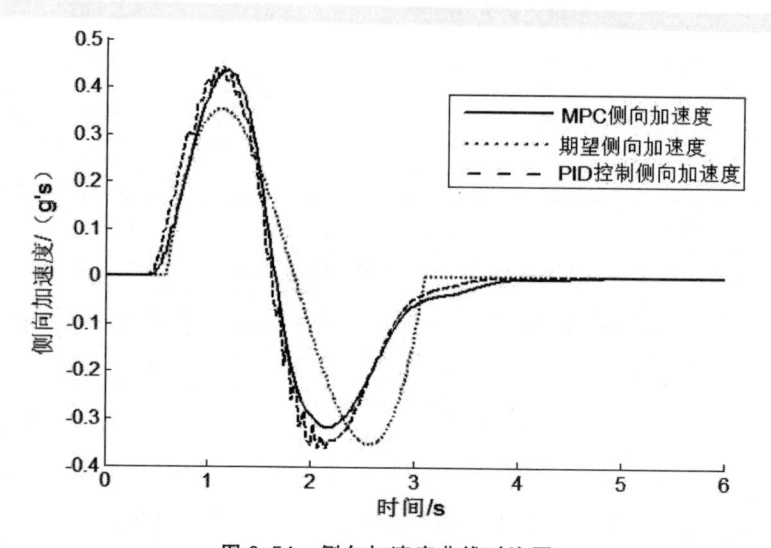

图 3.54 侧向加速度曲线对比图

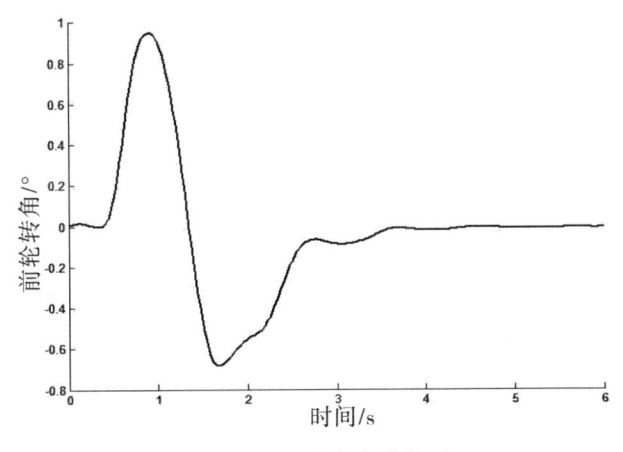

图 3.55 前轮转角曲线图

图 3.54 表明，基于 PID 控制的侧向加速度在换道过程中有剧烈的抖动，而通过 MPC 控制的侧向加速度没有出现明显的超调，换道完成后收敛较为迅速平稳，说明换道过程中车辆姿态良好，无剧烈变化，稳定性良好。图 3.55 则表明汽车前轮转角变化范围为 $\pm 1°/s$ 之间，轮胎侧偏角处于极限区域范围内，保证了路径跟踪过程中车辆良好的侧向稳定性。轮胎具有较高的转向、防侧滑的能力。

为了验证本书所提出控制方法对速度的鲁棒性，分别对自车在 90 km/h，100 km/h 和 120 km/h 的跟踪结果进行验证。

从图 3.56 可以看出，在相同的控制参数下，随着车速的增加，换道纵向位移越来越大，所需的安全距离也越来越大。表明控制系统对速度具备较强的鲁棒性，在不同车速下均有良好的控制效果。

仿真结果表明，通过对控制变量的约束和考虑高速行驶下的车辆动力学约束，在保证车辆行驶的横向稳定性的前提下，传统控制算法适应一般的线性汽车动力学模型，紧急避撞换道工况具有强烈的非线性，MPC 控制算法可以更好地控制汽车高速情况下沿给定的期望换道路径行驶，重合度高并且具有良好的稳定性，优于单纯的 PID 算法。

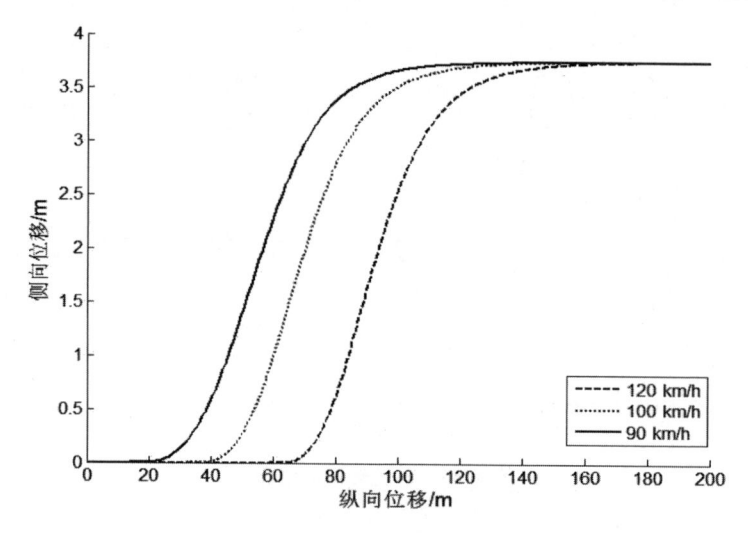

图 3.56 不同速度下的路径曲线

第五节 本章小结

本章提出将蚁群算法与 UKF 相结合进行汽车状态估计，适应时变的过程噪声和观测噪声，利用蚁群算法的寻优作用逐渐将估计误差缩小，通过虚拟试验验证表明，蚁群优化 UKF 算法的估计结果可以较好地跟踪虚拟试验值，优于单纯的 UKF 算法，具有较好的估计精度及鲁棒性。针对三车道多车紧急避撞，在制动避撞条件下，建立了纵向避撞安全距离模型，对于转向避撞情况，建立了五阶多项式进行路径规划，并进行了汽车紧急换道避撞的模型预测控制策略研究，为后续第四章的协调控制算法打下基础。

第四章 基于灰色神经网络的转向与制动协调控制研究

在高速紧急条件下，相对于复杂的交通环境的海量信息而言控制系统所获取的信息相对不足，且有不确定信息，这样的系统构成了灰色系统。根据灰色理论，其根据少量研究数据，对一个贫信息不确定性的问题作出合理决策的特点采用灰色决策的方法对避撞方式做出合理决策。神经网络应用于控制系统主要是由于其针对系统的非线性、不确定性和复杂性，且神经网络具有自学习和自适应的能力，故利用神经网络的这些特性，利用仿真试验数据训练神经网络，建立神经网络控制器对转向与制动进行协调控制。灰色决策与神经网络采用串联方式连接，在避撞过程中，如果车辆的稳定性不能得到保证，避撞也就失去意义，故稳定性在整个避撞过程中一直占有重要地位，为此本章首先分析汽车的稳定性，求解稳定性安全阈值。

第一节 避撞过程稳定性安全阈值

通过 Shibahata 等人对车辆操纵稳定性的大量研究后发现，影响车辆稳定性的关键状态量主要是车辆的横摆角速度、车辆质心侧偏角[135]，因此选取车辆横摆角速度和车辆质心侧偏角为控制变量，根据文献[136]的研究结果可知，当车辆质心侧偏角比较小时，选取车辆的横摆角速度来表征车辆稳定性；当车辆质心侧偏角较大时，选取车辆质心侧偏角来表征车辆稳定性。

为了更好地理解稳定性的基本特征，将车辆简化为线性二自由度的汽车模型进行分析，即采用第二章建立的二自由度模型进行分析。用二自由度模型而非七自由度模型进行稳定性分析理由已在第二章说明。汽车行驶的理想状态是其状态响应与方向盘转角保持线性关系,其对应的汽车的横摆角速度、期望质心侧偏角值称为期望值[137],本书将求取的横摆角速度、期望质心侧偏角值的期望值作为稳定性安全阈值。

1)期望横摆角速度[138]

$$(l_f C_{af} - l_r C_{ar})\frac{v_y}{v_x} + \frac{1}{v_x}(l_f^2 C_{af} + l_r^2 C_{ar})\omega - l_f C_{af}\delta_f = 0 \quad (4.1)$$

根据式(4.1),由第二章的线性二自由度车辆模型可得期望横摆角速度为

$$\omega = \frac{\delta_f \cdot v_x / L}{1 + K v_x^2} \quad (4.2)$$

根据横摆角速度与侧向加速度的关系如式(4.3)所示:

$$a_y \approx \frac{v_x^2}{R_t} = \frac{v_x}{R_t} \cdot v_x = \omega \cdot v_x \quad (4.3)$$

其中,R_t 为汽车转弯半径。

横摆角速度应满足式(4.4)~式(4.6):

$$\omega \leqslant \left| \mu \cdot \frac{g}{v_x} \right| \quad (4.4)$$

$$\omega_{\max} = \left| \mu \cdot \frac{g}{v_x} \right| \quad (4.5)$$

为满足不同路面条件,横摆角速度期望值为

$$\omega = \min\left\{ \left| \frac{v_x}{L \cdot (1 + K v_x^2)} \delta_f \right|, \left| \frac{\mu \cdot g}{v_x} \right| \cdot \operatorname{sgn}(\delta_f) \right\} \quad (4.6)$$

其中,g 为重力加速度;K 为汽车不足转向系数(本书中 $K = 2.3 \times 10^{-3}$)。

2)期望质心侧偏角

根据式(2.49),期望质心侧偏角为

$$\beta_b = \frac{l_r - m l_f v_x^2 / (C_{ar} L)}{L(1 + K v_x^2)} \delta_f \quad (4.7)$$

受到附着条件限制,在低附着路面上有

$$\beta_{\text{dmax}} = \mu \cdot g \cdot \left(\frac{l_r}{v_x^2} + \frac{m l_f}{C_{ar}} \right) \quad (4.8)$$

正常附着系数高的路面上,质心侧偏角极限值为±10°,其不应超过该极限值 $\max\beta$[139]。将满足上述条件的最小质心侧偏角作为期望质心侧偏角值:

$$\beta_\mathrm{d}=\min\left\{\left|\frac{l_\mathrm{r}-ml_\mathrm{f}v_x^2/(C_{a\mathrm{r}}L)}{L(1+Kv_x^2)}\delta_\mathrm{f}\right|,\ \mu\cdot g\cdot\left(\frac{l_\mathrm{r}}{v_x^2}+\frac{ml_\mathrm{f}}{C_{a\mathrm{r}}}\right),\ \beta_\mathrm{max}\right\}\quad(4.9)$$

第二节 基于灰色决策的避撞模式研究

基于灰色关联决策[140]的避撞模式选择就是通过不同避撞模式的效果向量来写出理想最优效果向量,本书把避撞模式分为纯制动,纯转向,以及制动和转向同时的避撞模式,由此计算出它们之间的灰色绝对关联度,再进行比较,从而找出实际上的最优避撞模式。具体选择算法步骤如下。

(1)确定避撞模式选择的局势集。从避撞模式方案中选择最优避撞模式这一事件记为事件 x_1,则事件集 $M=\{x_1\}$,则对应的避撞模式方案记为 y_1, y_2,y_3,由前文可知有三种避撞模式,所以 y 的下标最大取 3,则对策集 $N=\{y_1,y_2,y_3\}$,于是得到避撞模式选择的局势集为

$$s=\{s_{1j}=(x_1,y_j\mid x_1\in M,y_j\in N)\}=\{s_{11},s_{12},s_{13}\}$$

(2)确定 $\bar{k}$ 个不同的目标,并求出 $\bar{k}$ 目标下局势效果序列 $z^{(\bar{k})}(\bar{k}=1,2,\cdots,4)$,在此选取整个避撞过程中自车的侧向位移、自车的纵向位移、自车的质心侧偏角总和,以及自车横摆角速度总和为四个不同的目标。根据创建的目标,写出不同局势在 $\bar{k}(\bar{k}=1,2,3,4)$ 目标下的效果序列 $z^{(\bar{k})}(\bar{k}=1,2,3,4)$:

$$z^{(1)}=(z_{11}^{(1)},z_{12}^{(1)},z_{13}^{(1)})$$
$$z^{(2)}=(z_{11}^{(2)},z_{12}^{(2)},z_{13}^{(2)})$$
$$z^{(3)}=(z_{11}^{(3)},z_{12}^{(3)},z_{13}^{(3)})$$
$$z^{(4)}=(z_{11}^{(4)},z_{12}^{(4)},z_{13}^{(4)})$$

(3)为方便分析对 $\bar{k}(\bar{k}=1,2,3,4)$ 目标下的局势效果序列。通过归一化算子的作用,将 $z^{(\bar{k})}$ 化为数量级大体相近的无量纲数据,求出 $\bar{k}$ 目标局势效果序列均值向量,认为 4 个目标权重一样,求出局势的效果向量为 $z_{ij}(i=1;j=1,2,3)$:

$$z_{11}=(z_{11}^{(1)},z_{11}^{(2)},z_{11}^{(3)})$$

$$z_{12} = (z_{12}^{(1)},\ z_{12}^{(2)},\ z_{12}^{(3)})$$

$$z_{13} = (z_{13}^{(1)},\ z_{13}^{(2)},\ z_{13}^{(3)})$$

(4)求出理想最优效果向量，因为：

质心侧偏角越小越好，所以 $z_{i_0 j_0}^{(1)} = \min\limits_{\substack{i=1 \\ 1 \leqslant j \leqslant 3}} \{z_{ij}^{(1)}\}$

横摆角速度越小越好，所以 $z_{i_0 j_0}^{(2)} = \min\limits_{\substack{i=1 \\ 1 \leqslant j \leqslant 3}} \{z_{ij}^{(2)}\}$

纵向安全距离越小越好，所以 $z_{i_0 j_0}^{(3)} = \min\limits_{\substack{i=1 \\ 1 \leqslant j \leqslant 3}} \{z_{ij}^{(3)}\}$

侧向安全距离越小越好，所以 $z_{i_0 j_0}^{(4)} = \min\limits_{\substack{i=1 \\ 1 \leqslant j \leqslant 3}} \{z_{ij}^{(4)}\}$

(5)从而有理想最优效果 $z_{i_0 j_0} = (z_{i_0 j_0}^{(1)},\ z_{i_0 j_0}^{(2)},\ z_{i_0 j_0}^{(3)},\ z_{i_0 j_0}^{(4)})$，其分别对应四个不同目标下的最理想避撞模式；

(6)计算 z_{ij} 与 $z_{i_0 j_0}$ 的灰色绝对关联度

局势效果向量 $z_{ij}(i=1,\ j=1,\ 2,\ 3)$ 与最优路径效果向量 $z_{i_0 j_0}$ 的灰色绝对关联度[141]：

$$\varepsilon_{ij} = \frac{1 + |s_i| + |s_j|}{1 + |s_j| + |s_i| + |s_i - s_j|} \quad (4.10)$$

式中，有

$$|s_j| = \left| \sum_{k=2}^{2} z_{jj}^{(k)} + \frac{1}{2} z_{jj}^{(3)} \right|,\ |s_i| = \left| \sum_{k=2}^{3} z_{i_0 j_0}^{(k)} + \frac{1}{2} z_{i_0 j_0}^{(4)} \right|$$

(7)最优避撞模式：根据(6)求得的灰色绝对关联度，灰色绝对关联度越大所对应避撞模式越优。则有 $\varepsilon_{ij}^{*} = \max\limits_{1 \leqslant j \leqslant 3} \{\varepsilon_{ij}\}$，于是由此得到次优效果向量 z_{1j}^{*} 和次优局势 s_{1j}^{*}，即得到对应的较优避撞模式为 y_j。到此灰色决策模型建立完毕，根据灰色决策理论找出最优避撞模式。

第三节　基于神经网络的协调避撞上层控制器设计

根据制动安全距离模型和规划的路径，可以反求出不同交通情况下，理想的制动力和方向盘转角的大小和变化情况，但其前提是假设单独纵向避撞或者单独换道避撞，在有些情况下，单一模式并不能较好地完成主动避撞，需要两者结合,协同工作。通过灰色关联决策求出不同交通情况下的理想避撞模式,对于求解采用单一纵向制动避撞或者换道避撞,只需建立控制器让制动力或者方向盘转角较好地跟随理想值即可,但对于两者协调避撞模式,并不能简单地按理想值逼近去控制,需要在制动避撞与换道避撞方式中确定不同方式所占比例,交通环境发生变化时,避撞方式所占比例都相应变化,为此利用神经网络自学习的特性,采用虚拟仿真试验产生神经网络训练数据,设计神经网络控制器,使制动避撞与换道避撞协调工作,达到较好的避撞效果。BP神经网络具有完善的理论体系、清晰的算法流程、强大的数据识别和模拟功能,由于其基函数可选,结构灵活,在解决非线性系统问题时,优势明显,突出巨大的实际应用价值[142,143],故本节选取BP神经网络进行主动避撞协调控制。

1. 主动协调避撞控制总体框架与协调比例因子范围的确定

图4.1是利用灰色神经网络进行协调避撞控制总体框图:首先根据本章第二节和第三节内容得到稳定性安全阈值和理想的避撞模式,然后把制动和转向单独避撞模式看作制动和转向协调控制的特例,统一归纳到协调控制范畴,统一采用神经网络进行上层控制器设计,统一采用PID算法进行下层控制器设计,合理调节下层控制器参数,确保执行器的实时性。协调避撞的核心思路是把制动和转向看作避撞这一事件是否成功的两个关键因素,通过探索在不同工况下两关键因素比例因子分配,通过制动和转向组合,完成紧急避撞。

第三章制动安全距离模型是以最大制动减速度建立制动安全距离模型,在不超过路面附着极限的条件下,其相应施加的制动压力必为最大值,故制动比例因子的取值范围为[0,1]。

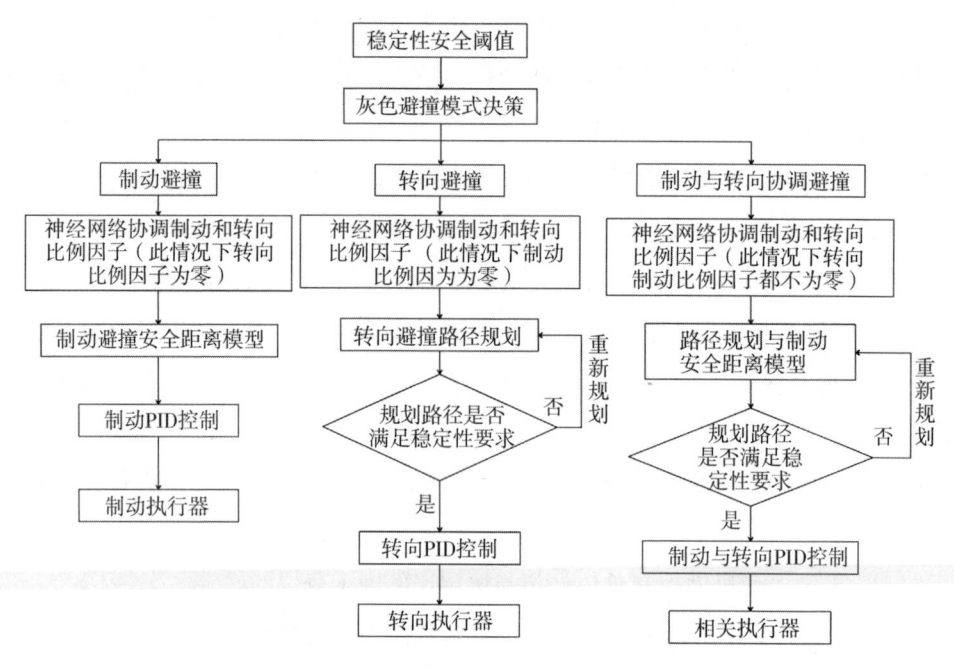

图 4.1 协调避撞控制总体框图

对于侧向规划路径,以前车右后侧最远点作为碰撞临界点,规划出的路径需同时满足稳定性和完成避撞要求,如图 4.2 所示,当干扰车在自车右前方时,干扰车即右前车,避撞过程总的纵向位移 x_e 以初始自车和干扰车在纵向上的相对位移 x_{eact} 为最大值,即最初规划路径取 $x_e = x_{eact}$,规划出理想路径,以能避撞且满足稳定性要求的最短避撞纵向位移 x_{ethe} 为最小值,以避撞最大纵向位移作为初始输出值,故转向比例因子取值范围为 $[x_{ethe}/x_{eact}, 1]$。

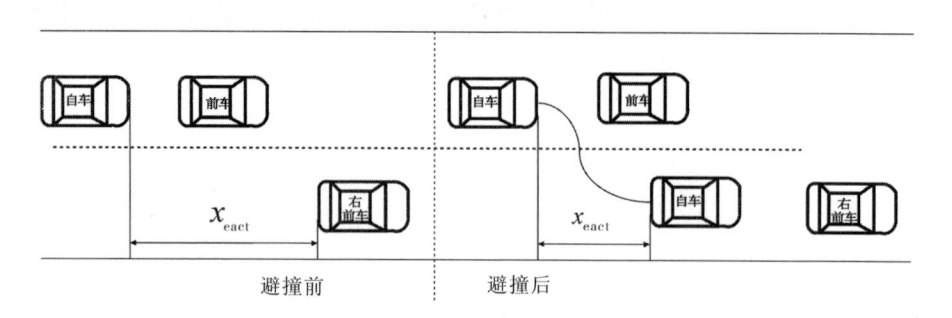

图 4.2 干扰车为右前车避撞示意图

如图4.3所示,当干扰车在自车右后方时,干扰车即右后车,避撞过程总的纵向位移 x_e 以前车右后侧最远点为碰撞临界点,规划出满足稳定性和完成避撞路径的纵向位移 x_{edes} 为最大值,即最初规划路径取 $x_e = x_{edes}$,规划出理想路径,由于自车在高速车道比在右侧车道车速高,且干扰车在自车后方,假定干扰车正常行驶,则以满足稳定性为要求的最小避撞纵向距离 x_{esta} 为最小值,以避撞最大纵向位移作为初始输出值,故此时转向取值范围为 $[x_{esta}/x_{edes}, 1]$。

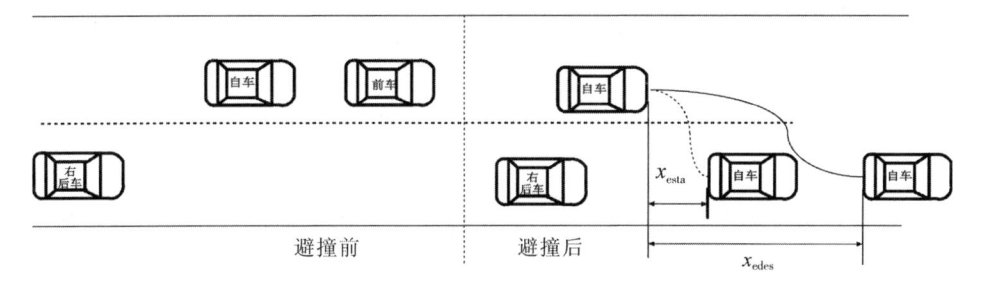

图4.3 干扰车为右后车避撞示意图

紧急协调避撞的总体思路:根据纵向安全距离模型和侧向规划的路径,通过神经网络控制器合理分配制动和转向在整个避撞过程中所占比例,使得协调避撞能避开单独制动或转向避不开的危险工况,提高行车安全性。

2. 神经网络控制器训练数据的采集与处理

为实现良好协调避撞控制,需要为BP神经网络提供训练数据,在试验条件缺乏的情况下,通过仿真的方法来获取数据,本书在第二章七自由度车辆仿真模型的基础上,通过设定自车、前车以及右前车或右后车的初始位置和速度信息,通过比例模块设定不同避撞方式的比例,在考虑车的长宽尺寸的前提下,以自车与其他两车质心相对距离判断是否避撞成功,通过第三章的蚁群优化的UKF算法实时估计汽车的关键状态,根据本章第一节的理论判断车辆是否处于稳定状态,只要车辆不稳定或者避撞不成功,此次数据作废,不作为样本训练数据。训练采集数据模型如图4.2所示。

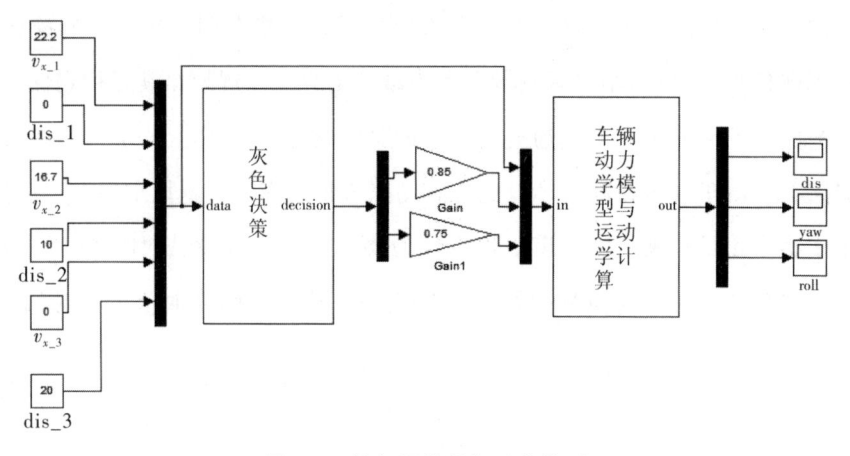

图 4.4 神经网络数据采集模型

通过采集模型输入纵向车速变量 v_{x_1}、v_{x_2}、v_{x_3} 和车辆位置信息 dis_1、dis_2、dis_3。其中，v_{x_1} 代表自车纵向车速；v_{x_2} 代表前车纵向车速；v_{x_3} 代表干扰车纵向车速；dis_1 代表自车初始位置信息；dis_2 代表前车初始位置信息；dis_3 代表干扰车初始位置信息。通过灰色决策模块决定避撞模式，对制动避撞和换道避撞分别设定比例系数，让两者协调工作，通过输出自车横摆角速度和质心侧偏角以及自车、前车和干扰车距离坐标原点位置等信息，坐标系建立如第三章安全距离模型章节所示，在此不再赘述，判断是否安全避撞。选取成功安全避撞数据作为避撞有效训练数据，其他数据视为无效数据。

当设定前车速度为 0，距离自车为 20 m，自车速度为 80 km/h；右前车速度为 60 km/h，距离自车 10 m，在这种工况下，制动避撞控制分配比例为 0.85，换道避撞控制分配比例为 0.75，此时汽车处于稳定且能成功避撞，如图 4.5～图 4.7 所示。

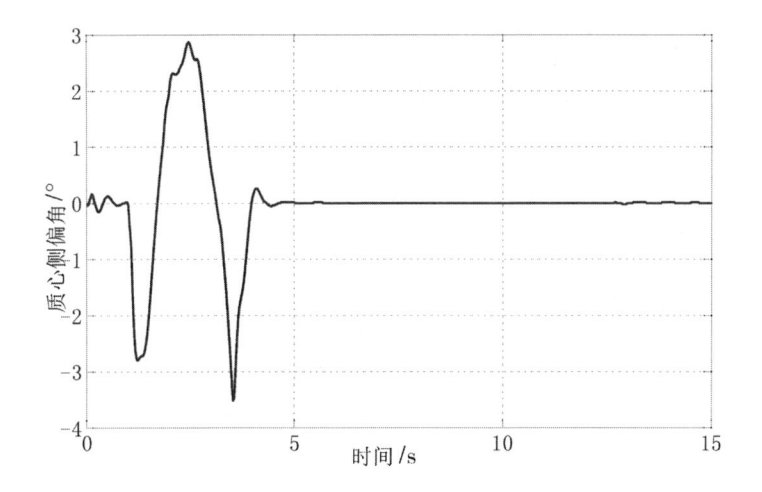

图 4.5　自车质心侧偏角-时间曲线

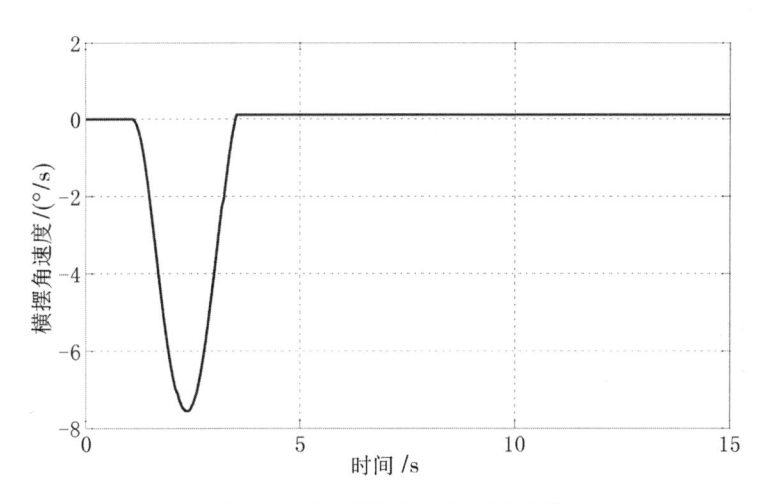

图 4.6　自车横摆角速度-时间曲线

根据本章第一节公式，在附着系数为 0.85 的路面上，期望的横摆角速度值为 21.15 °/s，质心侧偏角不超过±10°时车辆处于稳定状态。在图 4.6 中，横摆角速度最大值为 7.83 °/s，横摆角速度为负值，是由于坐标系方向选取的问题，在第二章中规定侧向运动向左为正，设定避撞是由高速车道换到低速车道，故为负值，具体见第三章换道安全距离模型示意图分析。在图 4.5 中，质心侧偏角最大值为 3.71°，即质心侧偏角一直小于±10°，由此可以看出汽车在避撞过程中一直处于稳定状态。在图 4.7 中，纵向位移图中自车位移一直小于右前车,未与其他车辆发生碰撞,故此数据可以用作训练数据。改变不同车的速度、距离以及比例等变量,记录了 1 200 组有效数据,1 000 组数据用来训练神经网络,200 组数据用来检验神经网络。

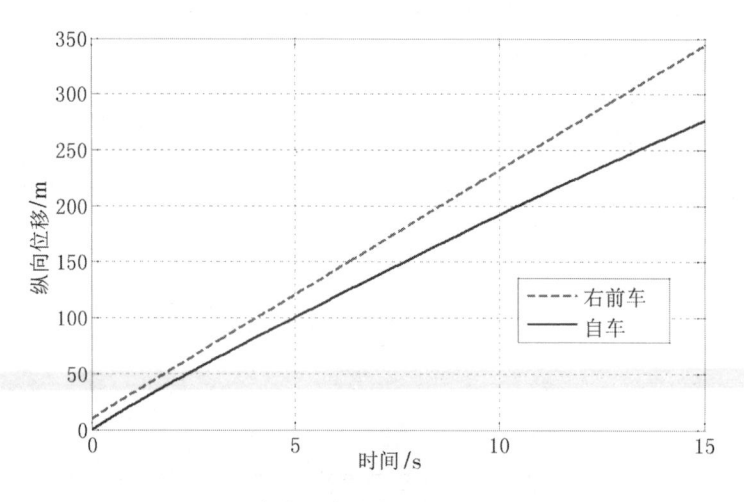

图 4.7 自车和右前车纵向位移-时间曲线

3. BP 神经网络算法选择和参数确定

BP 神经网络训练是目前采用最多也是最成熟的训练算法之一[144]。但其由于自身算法特点通常存在以下问题:一是学习效率低,收敛速度慢;二是易陷入局部极小状态。

针对上述问题,本书采用附加动量法 BP 算法进行改进。

带有附加动量因子的权值和阈值调节公式为

$$\Delta \overline{w}_{ij}(\overline{k}+1)=(1-mc)\eta \delta^i p_j + mc \Delta \overline{w}_{ij}(\overline{k}) \tag{4.11}$$

$$\Delta \overline{b}_i(\overline{k}+1)=(1-mc)\eta \delta^i + mc \Delta \overline{b}_i(\overline{k}) \tag{4.12}$$

其中,$\overline{k}$ 为训练次数;mc 为动量因子,一般取 0.95 左右;p_j 为 j 个训练样本;η 为学习步长。

训练程序设计中采用动量法的判断条件为

$$mc = \begin{cases} 0, & E(\bar{k}) > E(\bar{k}-1) \cdot 1.04 \\ 0.95, & E(\bar{k}) < E(\bar{k}-1) \\ mc \end{cases} \quad (4.13)$$

其中，$E(\bar{k})$ 为第 $\bar{k}$ 步误差平方和。

BP 神经网络改进以外，BP 网络模型还有以下待定参数尚还没有特定的理论方法来选取，这些参数有网络层数、隐含层节点数、学习速率和迭代次数。确定这些参数，目前主要采用尝试法。

吕砚山等[145]在文章中介绍了 BP 网络的试验研究方法，给出了隐含层数、隐含层节点数、误差构成方式和学习策略等研究成果。初选隐含层节点数 h' 可以参照以下公式：

$$h' = \sqrt{N+O} + \alpha \quad (0 < \alpha < 10) \quad (4.14)$$

或者：

$$h' = \log_2 N \quad (4.15)$$

其中，N 为输入层节点数；O 为输出层节点数。

以上公式只能得到一个粗略的估值，具体取值根据所研究对象和实际实验情况来选取。

经过大量仿真试验和理论结合，并考虑到控制器实时响应和处理能力，输入节点为 6 个，输出节点为 2 个，隐含层确定为 2 层，第一层节点为 11 个，第二层节点为 6 个，因此网络层拓扑结构为 11-6-2。采用附加动量法，经过仿真试验动量因子取 0.93。

本书采用的 BP 神经网络的隐含层和输出层的传递函数分别是 log-sigmoid 和 purelin，网络训练采用附加动量法。采用附加动量法改进的 BP 算法，算法流程图如图 4.8 所示。

在图 4.8 中，利用神经网络工具箱随机产生初始权值和阈值，在 1 000 组训练数据中取 600 组信息，输入数据构成一个矩阵 **A**，则矩阵行数为 600，列数为 6；将 600 组输出数据构成矩阵 **B**，则矩阵 **B** 行数为 600，列数为 2。将矩阵 **A**、**B** 作为样本输入，通过计算输出层实际输出与期望输出（矩阵 **B**

的行向量)的误差通过附加动量法调整网络权值和阈值,将训练完成的网络利用 200 组数据检验,规定误差 ε 大小为 0.01,判断 200 组数据误差的均值是否小于 0.01,当不满足条件时,更新步数即增加训练样本,重新训练,经过大量仿真训练,样本数据为 920 时,检验样本测试误差满足要求,网络训练结束。

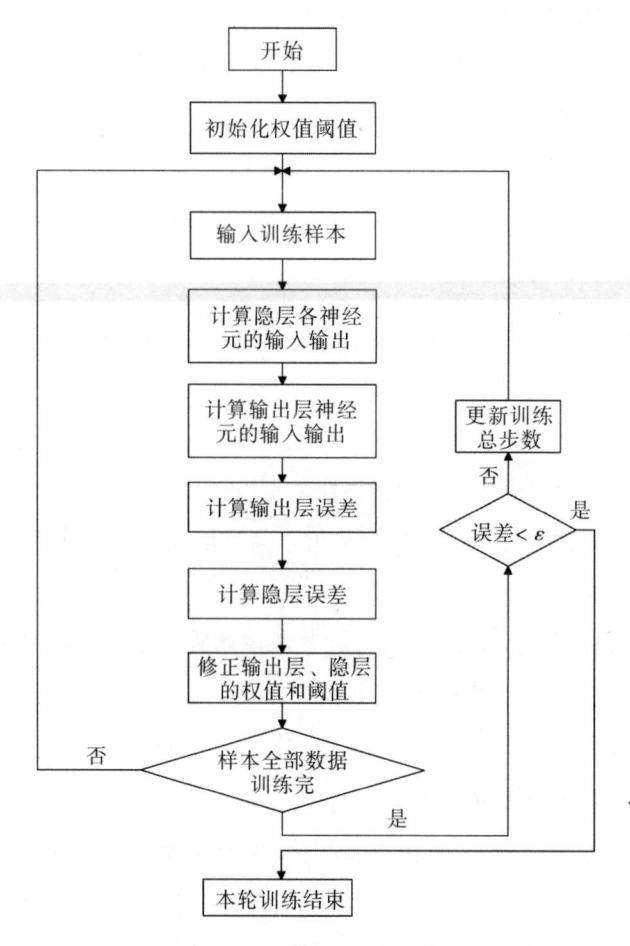

图 4.8 BP 算法程序流程图

4. 灰色决策与神经网络的融合

根据参考文献[146]可知灰色系统与神经网络的融合可分为弱融合、组合融合和完全融合三种形式。对于弱融合方式,灰色系统与神经网络无直接联系，对于一个复杂系统，其中可以看作灰色的部分使用灰色理论来解决，而对系统中不能看作灰色的部分采用神经网络的方法来解决。对于完全融合方式，在神经网络输入前加上灰化层对输入数据做灰化处理，在其后加上一个白化层对神经网络的灰色输出信息进行还原，以得到确定的输出结果。对于组合融合方式，灰色系统与神经网络在系统中按串联方式连接，即灰色系统的输出为神经网络的输入或者神经网络的输出为灰色系统的输入。本书采用组合融合的方式建立灰色决策与神经网络之间的联系，系统连接如图 4.9 所示。

道路交通环境信息输入 → 灰色决策 → 神经网络 → 制动和转向比例因子

图 4.9　灰色决策与神经网络融合方式

在图 4.9 中，灰色决策算法根据输入的自车、前车和干扰车的速度与位置信息，根据灰色决策算法步骤算出当前工况下最优避撞模式，神经网络模块接收来自灰色决策模块的信息，当判断为单一制动避撞模式时，转向比例因子为 0，制动比例因子实时调节；当为单一转向模式时，制动比例因子为 0，转向比例因子实时调节；当为制动和转向复合避撞时，根据先前训练的神经网络实时调节，输出合适的比例因子，达到良好的避撞效果。

第四节　逆动力学建模与下层控制器设计

1. 制动逆动力学建模

根据文献[147]所述，车辆在水平路面上加速行驶时，其纵向动力学方程为

$$ma_{des} = F_t - \left(\frac{1}{2}C_{Dx}\rho A v_x^2 + mgf'\right) \quad (4.16)$$

其中，a_{des} 为期望加速度，；F_t 为路面作用于车辆的驱动力；m 为整车质量，C_D 为空气阻力系数；A 为车辆前部迎风面积；ρ 为空气密度；v_x 为车辆纵向速度；g 为重力加速度；f' 为滚动阻力系数。

制动器控制模块可根据期望加速度,根据式(4.16)中的车辆纵向力方程,可求得期望的制动力 F_{bdes},作为输出量通过逆制动器模型求出制动压力 P_{des} 对车辆进行制动控制。当车辆制动时,发动机力矩输出为0,则相应地车辆驱动力 F_t 为0,式(4.16)可变为

$$ma_{des} = -F_{bdes} - \left(\frac{1}{2}C_{Dx}\rho v_x^2 + mgf'\right) \tag{4.17}$$

期望制动力和制动压力之间存在线性关系,则期望制动压力 $\bar{x}_0 = E(x_0)$ 为

$$P_{des} = \frac{\left|-ma_{des} - \frac{1}{2}C_{Dx}\rho Av_x^2 - mgf'\right|}{K_d} \tag{4.18}$$

其中,K_d 为制动力和制动压力比值,通过试验数据标定可求得 $K_d = 1\,307$。

2. 转向逆动力学建模

考虑到车辆动力学系统模型具有强烈的非线性,很难对其进行直接的精确控制,因此本书在紧急变道控制系统的总体方案中引入了逆动力学系统模型,该模型的输入量是由较优的变道轨迹行驶,下面进行详细讨论。

由参考文献[117]可知汽车在低速情况下进行转向时,可以不考虑轮胎侧偏角的影响,其运动会遵循"Acklman"转角关系,即汽车轨迹的曲率与转向盘转角成正比:

$$1/R_t = \delta_{SW}/(iL) \tag{4.19}$$

其中,δ_{SW} 为转向盘转角;L 为车辆轴距;i 为转向系传动比;R_t 为转弯半径。

对等式两边同时乘 u^2,得

$$a_y = u^2/R = u^2\delta_{SW}/(iL) \tag{4.20}$$

其中,a_y 为理想侧向加速度。由式(3.39)知其函数为

$$a_y(t) = (60y_e/t_e^5)(2t^3 - 3t_e t^2 + t_e^2 t),\ 0 \leqslant t \leqslant t_e \tag{4.21}$$

但是本书研究的紧急变道控制系统面向的对象都是在较高车速下的车辆,因此必须考虑侧偏角的影响,将式(4.19)修正为

$$\delta_{SW} = a_y iL/u^2 + a_y iLK' \tag{4.22}$$

其中,K' 为稳定性因数。可由式(4.22)求得:

$$K' = m/L^2(l_1/C_{ar} - l_2/C_{af}) \tag{4.23}$$

其中，C_{af}、C_{ar} 分别是前后轮胎的侧偏刚度，取 $C_{af}=-1.37\times10^5$ N/rad，$C_{ar}=-1.08\times10^5$ N/rad。

3. 下层控制器设计

1）制动下层控制器设计

制动系统的控制是根据动力学模型求出期望的制动压力为理想值，安装在液压回路中的压力传感器检测实际压力，通过控制器模数转换模块读取出实际压力传感器输出的电压信号，在控制器内部与理想值进行比较，判断偏差的正负值，决定执行电机的旋转方向，控制器输出信号控制执行机构动作，持续调节以达到较理想跟踪。

本书中的制动系统采用直流电机驱动，直流电机采用 48 V 供电，通过标定建立电机转角和制动压力的线性关系，将由传感器测得实际轮缸压力 P_{act} 作为反馈变量，逆动力学模型求出的轮缸压力 P_{the} 作为目标压力，偏差为 $P'=P_{the}-P_{act}$，电机控制中利用 PID 控制器进行调节。控制电机的电压 U_{PWM} 为

$$U_{PWM} = K_p\left[e(t) + \frac{1}{T_i}\int_0^t e(t)\mathrm{d}t + T_d\frac{\mathrm{d}e(t)}{\mathrm{d}t}\right] \tag{4.24}$$

其中，K_p、T_i 和 T_d 分别为比例、积分和微分反馈增益；$e(t)$ 为误差信号。

制动系统电机控制系统如图 4.10 所示。

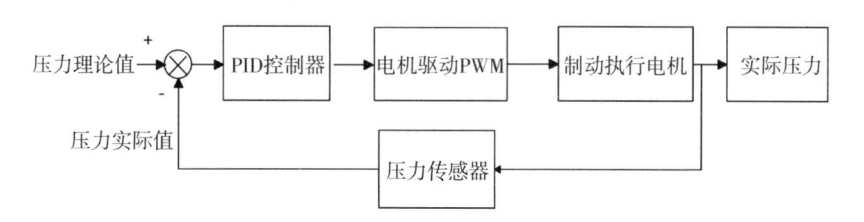

图 4.10 制动系统电机控制系统

2）转向下层控制器设计

主动前轮转向系统控制是根据动力学模型求出期望的方向盘转角为理想值，安装在转向柱上的转角传感器测出实际转角值，通过控制器模数转换模

块读取出实际转角传感器输出的电压信号,在控制器内部与理想值进行比较,判断偏差的正负值,决定执行电机的旋转方向,控制器输出信号控制执行机构动作,持续调节,以达到较理想跟踪。

由于转向控制精度要求,本书中的主动前轮转向系统采用步进电机驱动,步进电机为 48 V 供电,将方向盘转角传感器测得实际方向盘转角 δ_{act} 作为系统输出反馈变量,根据规划路径求得转角 δ_{the} 作为目标转角,偏差为 $\delta' = \delta_{the} - \delta_{act}$,步进电机控制中利用 PID 控制器进行调节。控制电机的电压 U_{PWM} 同式(4.24)。转向系统步进电机控制系统如图 4.11 所示。

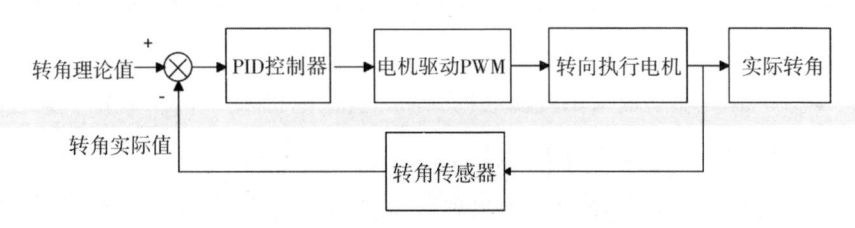

图 4.11 转向系统步进电机控制系统

第五节 仿真验证

针对本章提出的灰色神经网络高速紧急避撞控制器,设定在高速双车道上,车辆在不同速度、不同位置和不同附着条件下的工况进行仿真验证。

1. 高附着路面不同车速下仿真试验

(1)仿真条件:高附着系数路面,附着系数设为 0.85,自车与前车相距 20 m,干扰车在自车的右后方,本书的干扰车即相邻右侧车道上相对自车来说的右前车或者右后车,相距 10 m,自车和前车车速都为 105 km/h,干扰车车速为 87 km/h。

三车纵向位移-侧向位移曲线如图 4.12 所示,三车纵向位移-时间曲线如图 4.13 所示,自车横摆角速度-时间曲线如图 4.14 所示,自车质心侧偏角-时间曲线如图 4.15 所示。

在图 4.12 纵向位移-侧向位移图中,粗虚线表示前车紧急制动在经过一段时间后停止,制动距离为粗虚线长度,在图 4.13 纵向位移-时间图中看出前车最终停止在 102 m 位置,每条线的起点即车辆初始位置,以第三章安全距离模型建立时的坐标为准,在实际控制时以车质心位置来描述运动轨迹,故所有车的初始纵向距离不为零。自车避撞过程轨迹如图 4.12 中自车路线,从轨迹看出神经网络控制器较好地协调了制动与转向,轨迹光滑,过渡平稳,在图 4.12 中,虽然实线与细虚线相交,但并不表示自车与干扰车相撞,如图 4.13 所示,干扰车一直在自车后方,未发生碰撞,仿真表明控制效果良好。

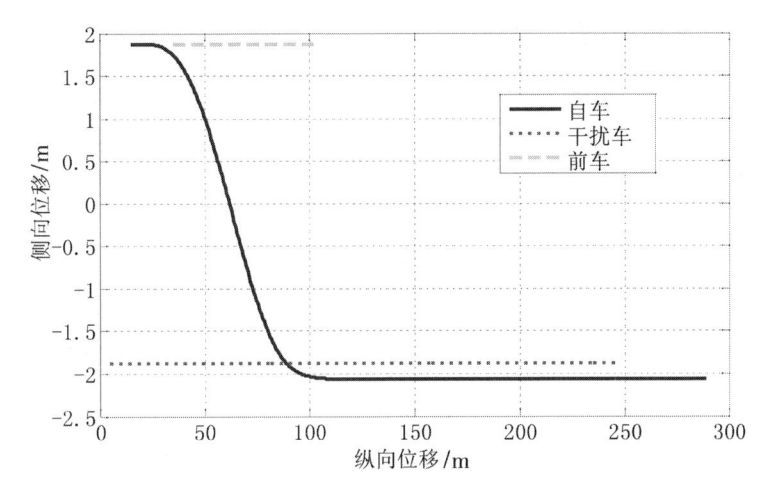

图 4.12 高附着路面自车 105 km/h 三车纵向位移-侧向位移曲线

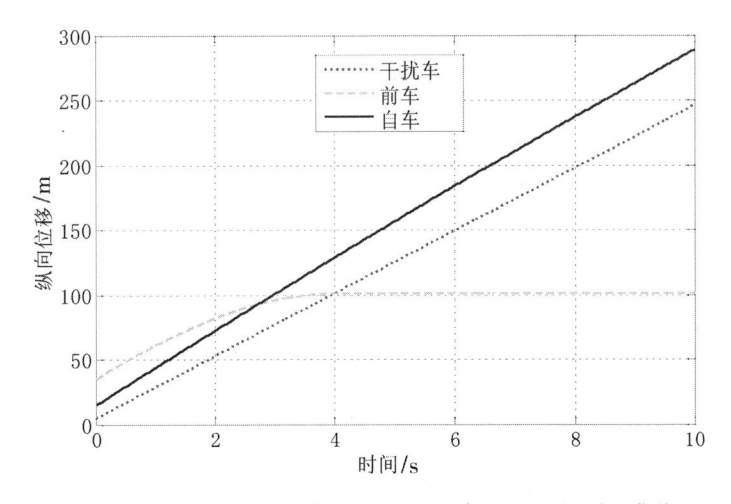

图 4.13 高附着路面自车 105 km/h 三车纵向位移-时间曲线

图 4.14 和图 4.15 分别表示避撞过程中横摆角速度-时间与质心侧偏角-时间的变化图，横摆角速度最大值为 6.4 °/s，质心侧偏角最大值为 0.45 °，根据本章稳定性公式求出期望横摆角速度安全阈值为 7.1 °/s 和质心侧偏角安全阈值为 9.09 °和故车辆避撞过程中稳定性满足要求。

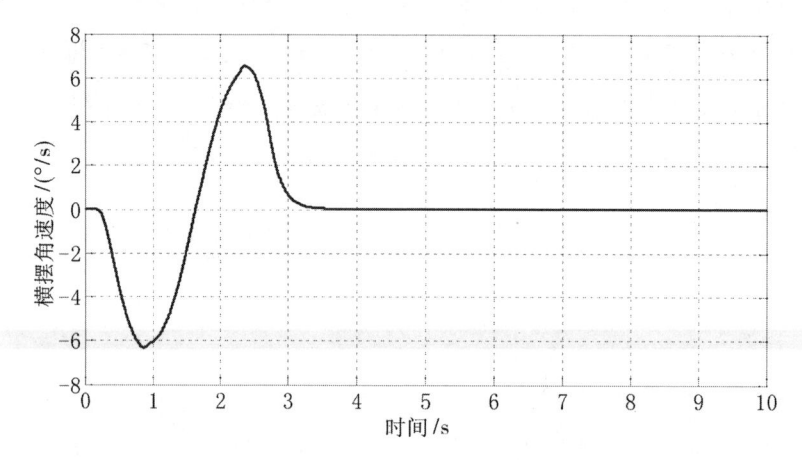

图 4.14　高附着路面自车 105 km/h 自车横摆角速度-时间曲线

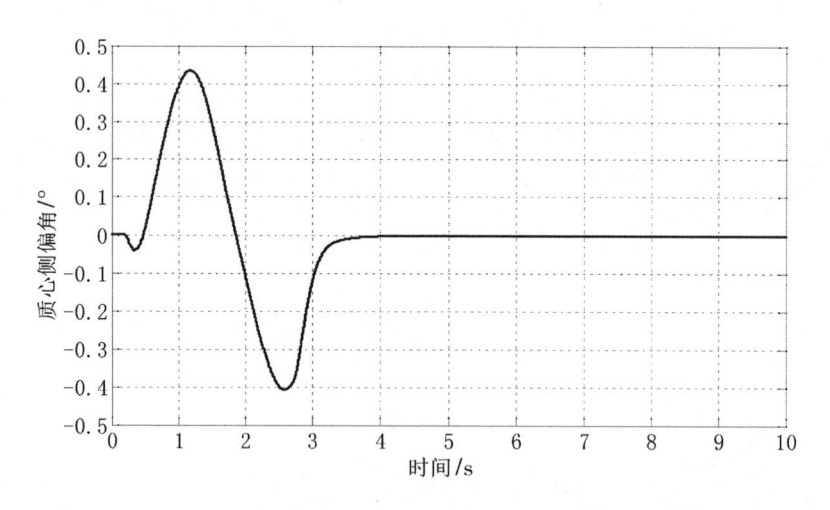

图 4.15　高附着路面自车 105 km/h 自车质心侧偏角-时间曲线

(2)仿真条件：高附着系数路面，附着系数设为 0.85，自车与前车相距 20 m，干扰车在自车的右前方，相距 10 m，自车和前车车速都为 85 km/h，干扰车车速为 73 km/h。

第四章　基于灰色神经网络的转向与制动协调控制研究

三车纵向位移-侧向位移曲线如图 4.16 所示，三车纵向位移-时间曲线如图 4.17 所示，自车横摆角速度-时间曲线如图 4.18 所示，自车质心侧偏角-时间曲线如图 4.19 所示。

在图 4.16 中，粗虚线表示前车紧急制动在经过一段时间后停止，制动距离为粗虚线长度，在图 4.17 纵向位移-时间曲线中看出前车最终停止在79 m位置，每条线的起点即车辆初始位置，在实际控制时以车质心位置来描述运动轨迹，自车避撞过程轨迹如图 4.16 实线所示，从轨迹看出神经网络控制器比较好地协调了制动与转向，轨迹光滑，过渡平稳，且在图 4.16 中实线与细虚线不相交，说明换道到右侧车道，自车并没有行驶在车道正中央，而是偏向道路内侧，相差 0.37 m，因为车道长为 3.75 m，车宽为 2.75 m，初始时车在路的中央，故车距离左右车道各为 0.5 m，即内侧有 0.5 m 余量，在允许范围内，在图 4.17 中干扰车一直在自车前方，没发生碰撞，刚开始自车和干扰车距离越来越近，当检测到距离过近，神经网络控制器自动调整权重，制动比例越来越大，在 5~10 s 内，曲线相差越来越大，即随后自车和干扰车越来越远，不会发生碰撞，验证了控制器的有效性。

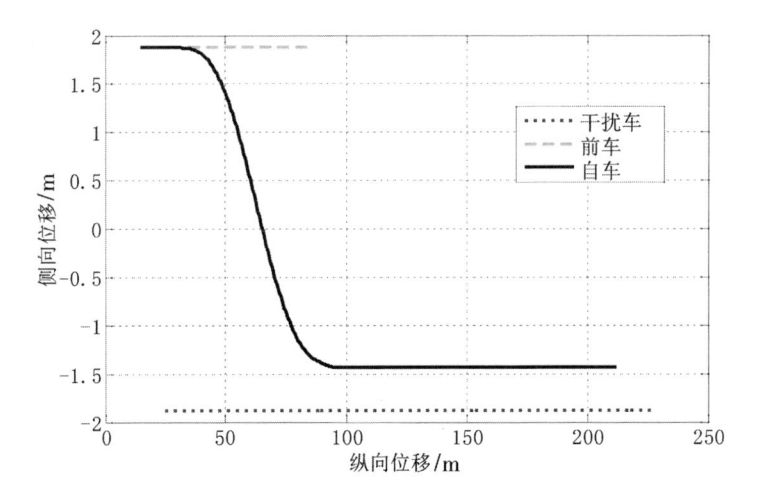

图 4.16　高附着路面自车 85 km/h 三车纵向位移-侧向位移曲线

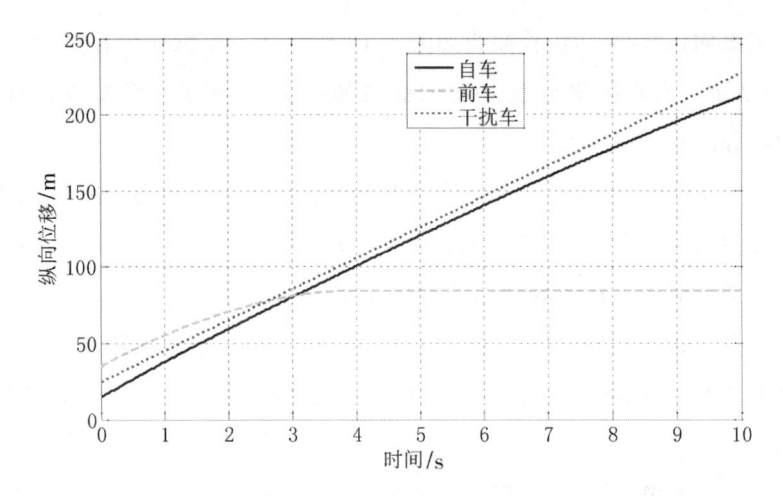

图 4.17 高附着路面自车 85 km/h 时三车纵向位移-时间曲线

图 4.18 和图 4.19 分别表示避撞过程中横摆角速度-时间与质心侧偏角-时间变化图，横摆角速度最大值为 6.53 °/s，质心侧偏角最大值为 0.14 °，根据本章稳定性公式算出横摆角速度的安全阈值为 10.23 °/s，期望质心侧偏角的安全阈值为 9.98 °，故车辆避撞过程中稳定性满足要求。

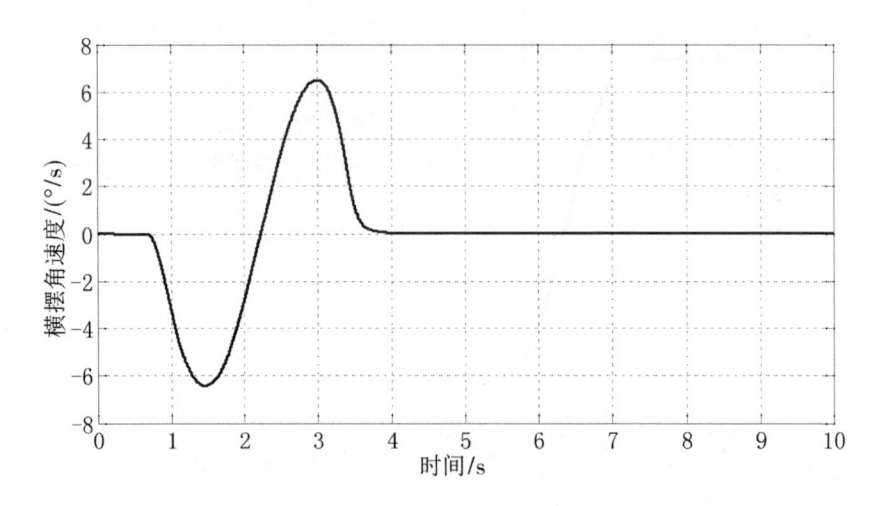

图 4.18 高附着路面自车 85 km/h 时横摆角速度-时间曲线

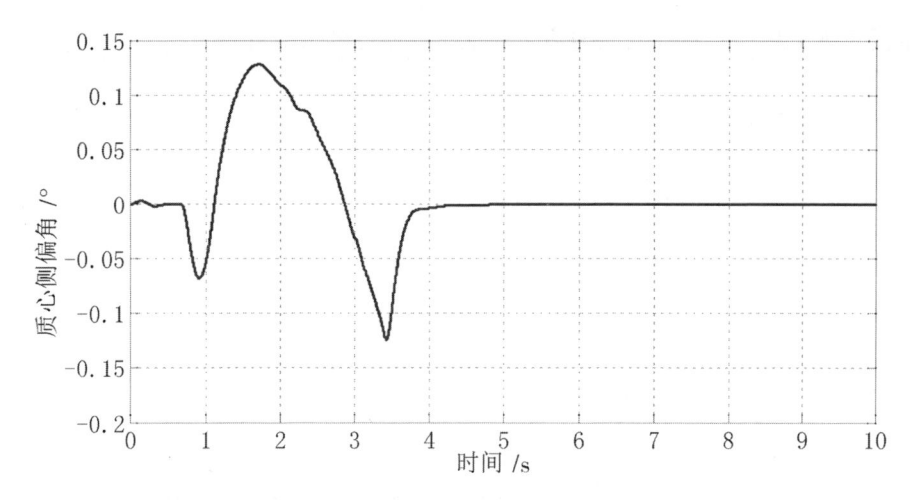

图 4.19　高附着路面自车 85 km/h 时质心侧偏角-时间曲线

2. 低附着路面不同车速下仿真试验

(1)仿真条件：低附着系数路面，附着系数设为 0.2，自车与前车相距 20 m，干扰车在自车的右前方，相距 20 m，自车和前车车速都为 105 km/h，干扰车车速为 87 km/h。

三车纵向位移-侧向位移曲线如图 4.20 所示，三车纵向位移-时间曲线如图 4.21 所示，自车横摆角速度-时间曲线如图 4.22 所示，自车质心侧偏角-时间曲线如图 4.23 所示。

在图 4.20 中，粗虚线表示前车紧急制动，在经过一段时间后停止，制动距离为粗虚线长度，在图 4.21 纵向位移-时间图中看出前车最终停止在 251.2 m 位置，在低附着系数路面，制动距离明显加长，符合实际情况，每条线的起点即车辆初始位置，在实际控制时以车质心位置来描述运动轨迹，自车避撞过程轨迹如图 4.20 中实线所示，从轨迹看出神经网络控制器比较好地协调了制动与转向，轨迹光滑，过渡平稳，且在图 4.20 中实线与细虚线有相交，说明换道到右侧车道，自车并没有行驶在车道正中央，而是偏向外侧 0.07 m，根据高速公路宽 3.75 m，车宽 2.75 m，右侧有 0.5 m 余量，未与道路护栏相撞。在图 4.21 中干扰车一直在自车前方，没发生碰撞，刚开始自车和干扰车距离越来越近，当检测到距离过近，神经网络控制器自动调整权重，制动比例越来越大，在 13～15 s 内，曲线相差越来越大，即随后自车和干扰车越来越远，不会发生碰撞，验证了控制器的有效性。

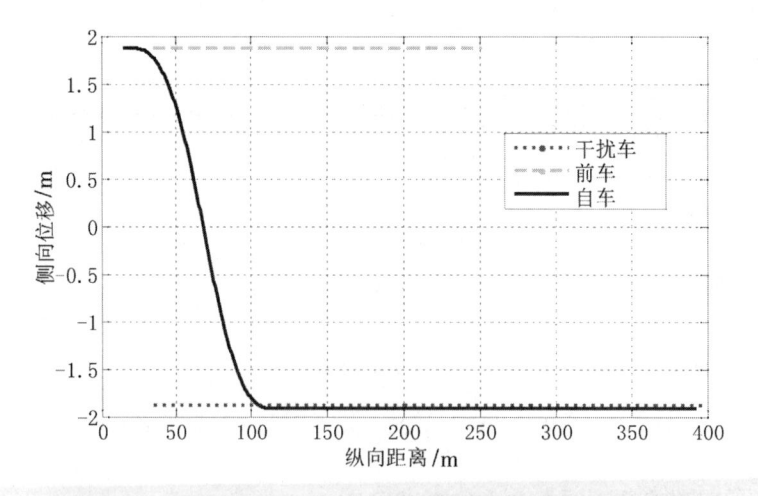

图 4.20　低附着路面自车 105 km/h 时三车纵向位移-侧向位移曲线

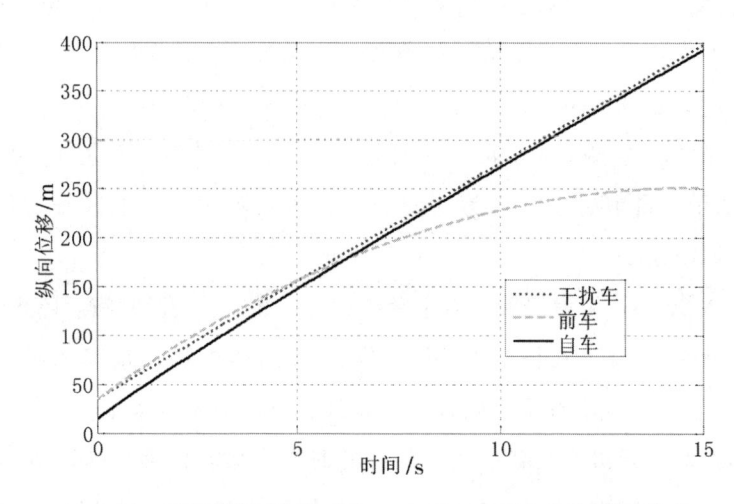

图 4.21　低附着路面自车 105 km/h 时三车纵向位移-时间曲线

图 4.22 和图 4.23 分别表示避撞过程中横摆角速度-时间与质心侧偏角-时间变化图，横摆角速度最大值为 4.21 °/s，质心侧偏角最大值为 0.52 °，根据本章稳定性公式算出期望横摆角速度的安全阈值为 6.03 °/s，质心侧偏角的安全阈值为 2.27 °，故车辆避撞过程中稳定性满足要求。

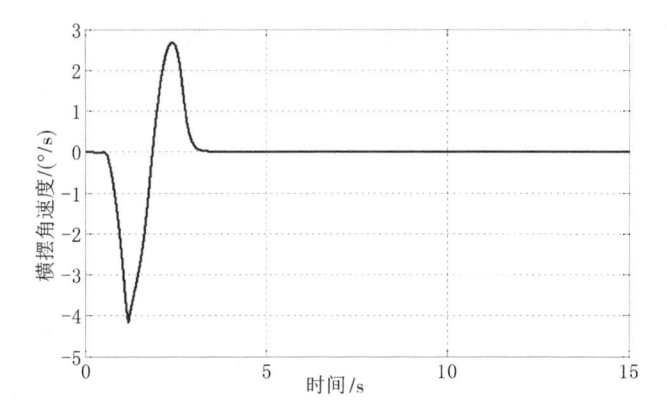

图 4.22 低附着路面自车 105 km/h 时自车横摆角速度-时间曲线

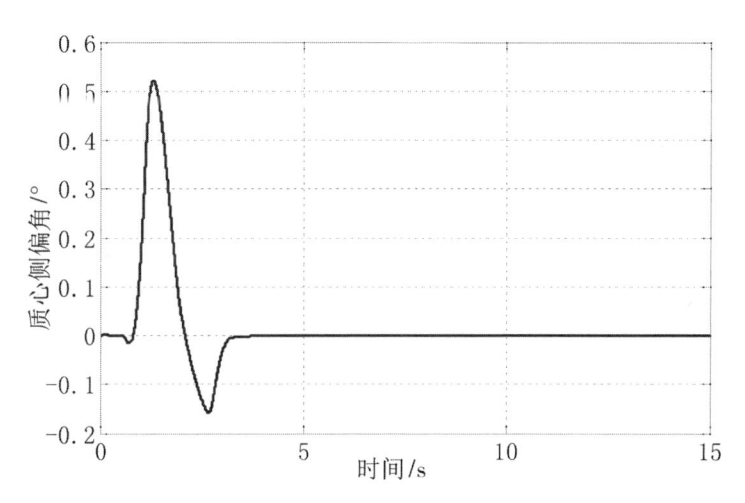

图 4.23 低附着路面自车 105 km/h 时自车质心侧偏角-时间曲线

(2)仿真条件：低附着系数路面，附着系数设为 0.2，自车与前车相距 20 m，干扰车在自车的右前方，相距 10 m，自车和前车车速都为 85 km/h，干扰车车速为 73 km/h。

三车纵向位移-侧向位移曲线如图 4.24 所示，三车纵向位移-时间曲线如图 4.25 所示，自车横摆角速度-时间曲线如图 4.26 所示，自车质心侧偏角-时间曲线如图 4.27 所示。

在图 4.24 中，粗虚线表示前车紧急制动，在经过一段时间后停止，制动距离为粗虚线长度，在图 4.25 中看出前车最终停止在 172 m 位置，每条线的起点即车辆初始位置，在实际控制时以车质心位置来描述运动轨迹，自车避撞过程轨迹如图 4.24 实线所示，从轨迹看出神经网络控制器比较好地协调了制动与转向，轨迹光滑过渡平稳，且在图 4.24 中实线与细虚线不相交，说明换道到右侧车道，自车并没有行驶在车道正中央，而是偏向道路内侧，相差 0.37 m，内侧有 0.5 m 余量，在允许范围内。在图 4.25 中，干扰车一直在自车后方，没发生碰撞，且自车和干扰车越来越远，不会发生碰撞，验证了控制器的有效性。

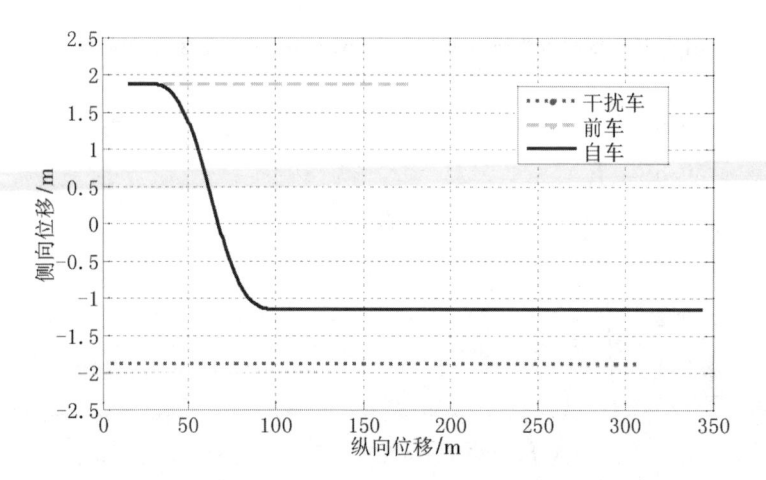

图 4.24　低附着路面自车 85 km/h 时三车纵向位移-侧向位移曲线

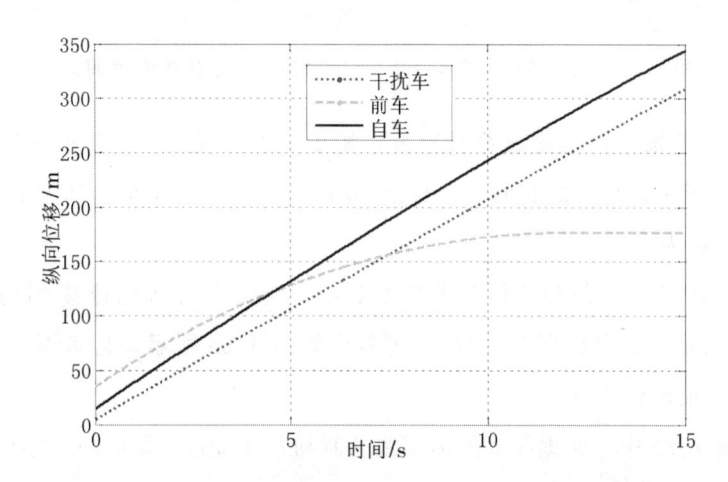

图 4.25　低附着路面自车 85 km/h 时三车纵向位移-时间曲线

图 4.26 和图 4.27 分别表示避撞过程中横摆角速度与质心侧偏角的变化图，横摆角速度最大值为 5.24 °/s，质心侧偏角最大值为 0.52 °，根据本章稳定性公式算出期望和横摆角速度的安全阈值为 6.05 °/s，质心侧偏角的安全阈值为 2.49 °，故车辆避撞过程中稳定性满足要求。

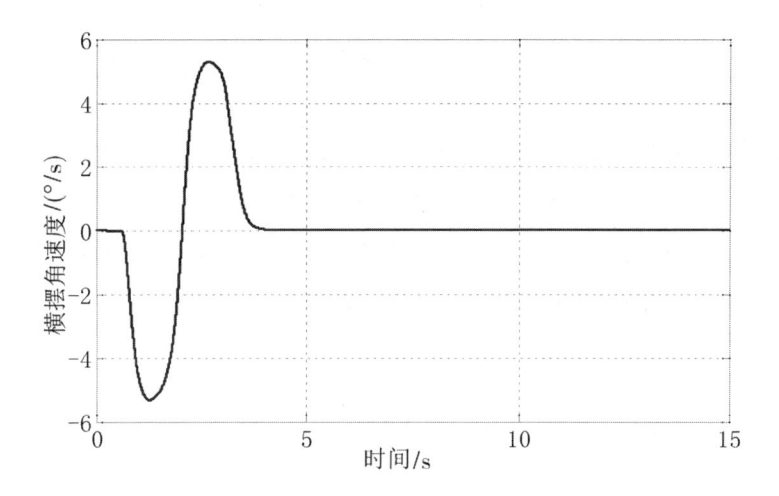

图 4.26　低附着路面自车 85 km/h 时自车横摆角速度-时间曲线

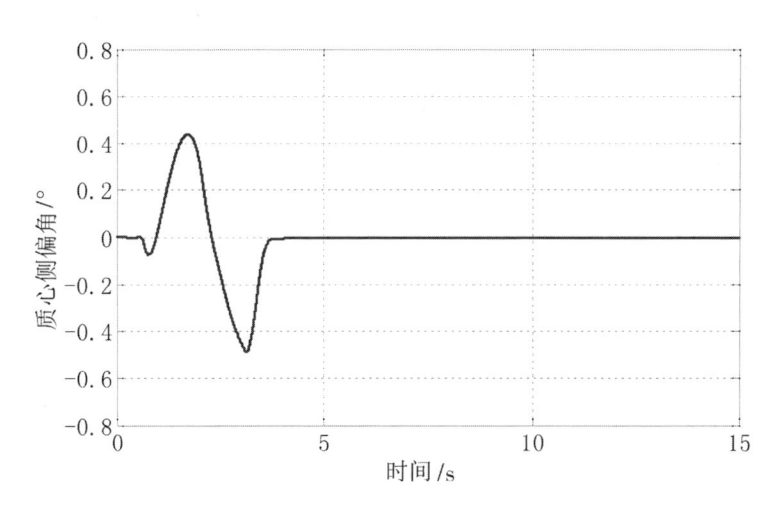

图 4.27　低附着路面自车 85 km/h 时自车质心侧偏角-时间曲线

第六节　本章小结

本章采用了灰色神经网络控制器对制动和转向协调控制，使汽车在高速紧急条件下在单一避撞模式无法实现避撞的前提下，成功避开前方突然出现的障碍，且在避撞过程中较好地保证了车辆的稳定性。通过采用神经网络作为上层控制器，把制动转向比例协调好后，通过逆动力学模型求出理想的方向盘转角和制动压力，通过方向盘转角传感器和制动压力传感器进行反馈，通过 PID 下层控制实时修正偏差。为验证控制的有效性，分别选择不同的仿真条件进行仿真验证，典型的仿真试验结果表明，本书建立的算法能较好地实现高速紧急工况下的避撞，保证了行车安全。

第五章　神经网络协调避撞算法优化与跟踪鲁棒控制

在第四章中通过灰色决策与神经网络算法搭建的控制器对于紧急情况下，不同初始距离、不同车速和不同初始位置等工况进行仿真试验，验证了算法的正确性和有效性，在任意设定的工况下，神经网络控制器能较好地进行主动避撞并能保持车辆自身的稳定性。对于神经网络也采取了附加动量法调节权值和阈值，但初始的权值和阈值并没有进行优化算法计算并择优选取，故本章采用遗传算法对神经网络进行优化。本章引入遗传算法是为了优化出最佳的初始权值和阈值，使得神经网络控制器在相同工况下，在成功避撞的前提下，车辆自身有更小的横摆角速度和质心侧偏角，使驾乘人员有更好的舒适性。遗传优化的神经网络避撞控制系统虽然达到了较理想的控制效果，但是它没有考虑外界环境干扰等客观存在的因素对避撞过程的影响，在换道过程中，主要影响车辆转向的因素有侧向风干扰等因素所产生的不确定性。由于 $H_∞$ 控制具有较强的鲁棒性，能通过算法使得干扰影响达到最小，因此，本书采用鲁棒控制器来抑制这些干扰因素，使车辆能够较好地跟踪期望轨迹。

第一节　基于遗传优化的神经网络协调避撞算法与仿真分析

1. 算法基础[148]

遗传算法是一种启发式搜索算法。遗传算法遵循"适者生存"的原则，利用从自然遗传学中生物对环境适应历程的启发,通过发生基因突变适应环境,通过父代杂交产生新的适应环境的子代等方法产生新的个体,这个过程导致种群中个体的进化。由于进化的发生,新个体适应环境的能力必然比原先的个体更强。

(1)遗传算法关键指标:

①适度值评估函数;

②选择运算规则;

③杂交运算规则;

④变异算子。

(2)遗传算法 GA(genetic algorithms)的基本步骤

①编码。GA 在进行遗传算法流程开始时,首先将需要研究的解空间的解数据表示成遗传空间的二进制串结构数据,即用这些二进制数来表示个体的某些要研究的特征。

②初始群体的生成。通过遗传算法工具箱随机函数产生 M 个初始二进制串结构数据,每个个体为一连续二进制数,M 个连续二进制数构成了一个群体,GA 以这 M 个二进制数据作为初始点进行进化操作。

③适应度评价。建立合适的适应度评价函数,通过评价函数表明个体或解的优劣性。

④选择。适应性强的个体被选择的概率要比那些适应性差的个体被选中的概率大得多。

⑤交叉。交叉操作即将不同个体的二进制编码上的等位基因上的某一位或者多位"0"或者"1"的数进行互换。

⑥变异 。变异操作即对同一个个体来说,在环境变化中,它基因上的某一位数由"0"变为"1"或者由"1"变为"0",体现基于突变适应环境的生物原理。

GA 遗传算法流程图如图 5.1 所示。

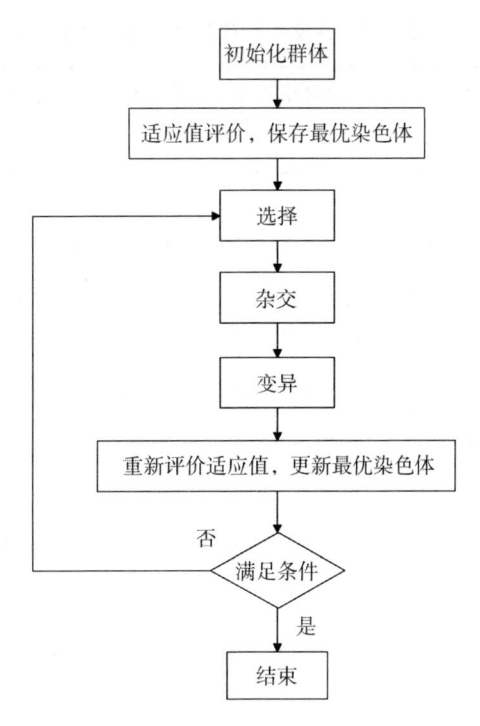

```
初始化群体
   ↓
适应值评价,保存最优染色体
   ↓
选择 ←──┐
   ↓    │
杂交     │
   ↓    │
变异     │
   ↓    │
重新评价适应值,更新最优染色体
   ↓    │
满足条件 否┘
   ↓是
结束
```

图 5.1 遗传算法流程图

2. 基于遗传优化的神经网络协调避撞算法

BP 神经网络的初始权值和阈值的不确定性有可能导致网络易陷入局部极小、网络收敛速度不确定等问题,故合适的初始权值和阈值选取极其关键,为此,本章采用遗传算法优化神经网络。当神经网络的结构明确,那么其权值和阈值的个数也就可以唯一确定。神经网络的权值和阈值一般是通过随机初始化为[−0.5,0.5]区间的随机数。第四章确定了 BP 神经网络层拓扑结构为 11-6-2,所以遗传算法优化的参数个数为 86 个,其中 78 个权值,8 个阈值。

遗传算法优化 BP 神经网络具体实现步骤如下。

(1)种群初始化。本书研究的对象个体均采用二进制编码,即每个个体都由一连串二进制的数组成,本书的遗传算法采用的网络结构是 11-6-2,故权值和阈值的具体情况如表 5.1 所示。

表 5.1　网络结构权值和阈值个数表

输入层与隐含层连接权值	隐含层阈值	隐含层与输出层连接权值	输出层阈值
66	6	12	2

设定权值和阈值编码均为 10 位二进制数，那么对于本书研究对象的个体其总的有效二进制编码长度为 870，根据二进制编码规则，我们可以推算出，前 660 位数为输入层与隐含层连接权值编码；考虑到隐含层的阈值为 6，故隐含层阈值编码为 661~720 位数；721~840 位为隐含层与输出层连接权值编码；最后，根据代码总长度为 870 位，可明确推出 841~870 位为输出层阈值编码。

(2) 适应度函数：选取测试样本预测值与期望值的误差矩阵元素和的平均值为适应度函数。

(3) 选择算子：采用适应度比例方法。

(4) 交叉算子：采用缩小代理交叉算子。

(5) 变异算子：采用二进制变异算子。

本书的遗传算法运行参数设定如表 5.2 所示。

表 5.2　遗传算法运行参数设定

种群大小	最大遗传代数	变量的二进制位数	交叉概率	变异概率	代沟
50	60	10	0.65	0.02	0.92

遗传算法优化神经网络流程图如图 5.2 所示。

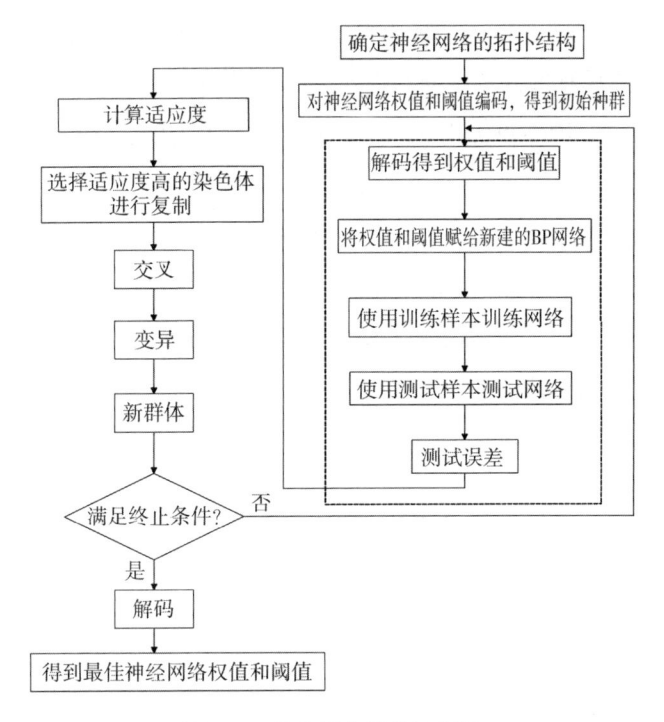

图 5.2　遗传优化算法流程图

在图 5.2 中，遗传算法优化 BP 神经网络分为 BP 网络结构确定、遗传算法优化和 BP 网络协调三个部分。BP 网络结构确定在第四章中已经完成，即算法流程图中的第一项，其拓扑结构为 11-6-2，故由此来确定二进制编码长度，中间虚线框部分为神经网络协调部分，将遗传算法优化的最佳权值和阈值赋给神经网络，采用第四章采集的 920 组数据进行网络训练，使用 200 组数据进行测试，测试误差设为适应度评价函数，误差越小，适应度越大，选择适应度高的个体进行遗传操作，产生新的种群，当满足最大遗传代数时，遗传操作停止，求解出利用遗传算法得到的最优个体，然后解码得到优化后的神经网络初始权值和阈值，赋予优化后的初始权值和阈值的网络在经过网络训练后，针对相同工况，输出的制动和转向比例因子在成功避撞的前提下，比优化前的神经网络协调控制有更好的避撞效果。

3. 基于遗传优化的神经网络协调避撞算法仿真与结果分析

仿真工况设定：路面附着系数设为 0.85，前车距离自车 20 m，干扰车在自车的右前方，相距 10 m，自车和前车车速为 85 km/h，干扰车车速为 73 km/h进行仿真对比分析。

图 5.3 为质心侧偏角优化前后对比图，通过图像发现质心侧偏角优化前最大值为 0.137°，

优化后最大值为 0.082°，对比优化前的值优化了 40.1%；在换道过程中优化后的曲线在拐点处变化比优化前更平缓，在受实际交通情况制约的条件下，整个换道过程中在纵向距离不变的情况下，能较大地减小质心侧偏角的幅值，表明了控制算法的有效性。

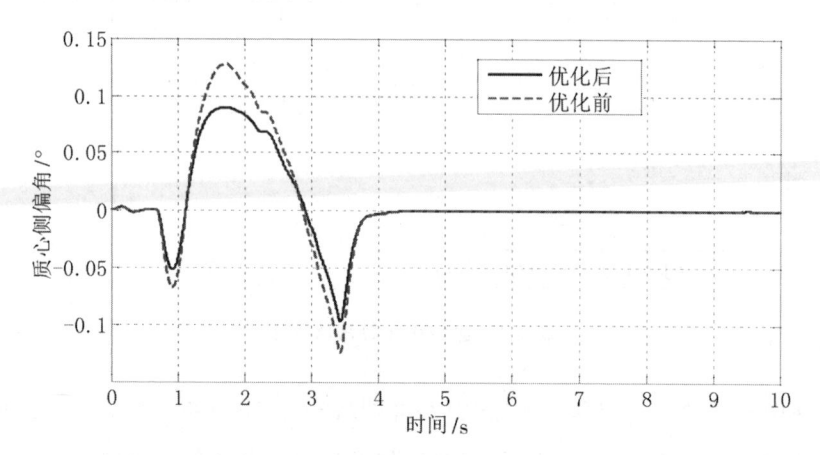

图 5.3 质心侧偏角优化前后对比图

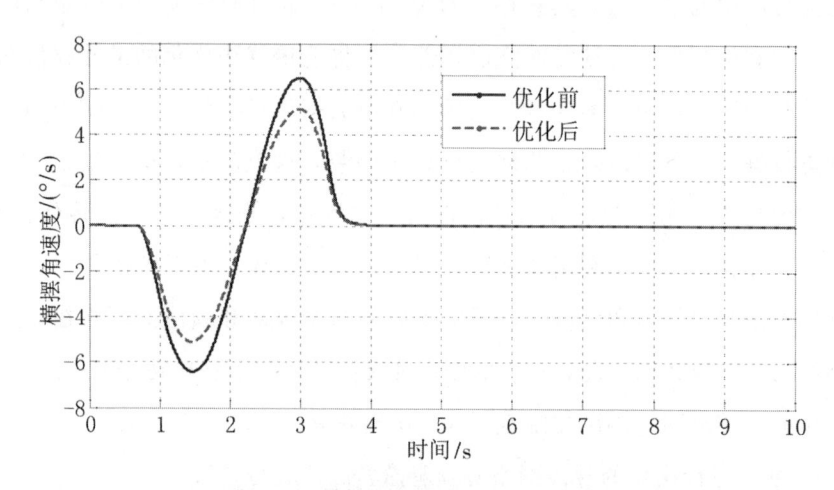

图 5.4 横摆角速度优化前后对比图

图 5.4 为横摆角速度优化前后对比图，通过图象发现横摆角速度优化前最大值为 6.53 °/s，优化后最大值为 5.2 °/s，对比优化前的值优化了 20.4%；在换道过程中，优化后的曲线在拐点处的变化比优化前更平缓，在受实际交通情况制约的条件下，整个换道过程中在纵向距离不变的情况下，能较大的减小横摆角速度的幅值，表明了控制算法的有效性。

第二节 路径跟踪 H∞ 鲁棒抗干扰控制研究与仿真分析

1. 理论基础[149-150]

(1)标准输出反馈系统，被控对象 G 描述如式(5.1)所示：

$$\begin{cases} E\dot{x} = A_1 x + B_1 \omega_1 + B_2 u \\ z = C_1 x + D_{12} u \\ y = C_2 x + D_{21} u \end{cases} \tag{5.1}$$

其中，$x \in \mathbf{R}^n$ 是状态变量；$\omega_1 \in \mathbf{R}^m$ 是外界输入的集合，包括外界干扰和(或)跟踪参考变量；$z \in \mathbf{R}^p$ 是被控输出；$y \in \mathbf{R}^q$ 是量测输出；$u \in \mathbf{R}^l$ 是控制输入；A_1、B_1、B_2、C_1、D_{12}、C_2 和 D_{21} 是具有合适维数的常数矩阵；$E \in \mathbf{R}^{n \times n}$，且有 $\text{rank} E = r < n$。

标准的 H∞ 控制问题是寻找如式(5.2)所示的控制器 K，使得闭环系统是内部稳定的且闭环传递函数的 H∞ 范数小于给定的某一正值。

控制器 K_1 的形式如式(5.2)所示：

$$\begin{cases} E\dot{\xi} = A\xi + By \\ u = C\xi \end{cases} \tag{5.2}$$

其中，$E \in \mathbf{R}^{n \times n}$、$A \in \mathbf{R}^{n \times n}$、$B \in \mathbf{R}^{n \times q}$ 和 $C \in \mathbf{R}^{l \times n}$ 是具有合适维数的定常矩阵。

2. 路径跟踪 H∞ 鲁棒控制

由车辆线性二自由度模型可知，模型为两输入-输出系统，状态变量分别为车身侧偏角和横摆角速率。为了便于 H_∞ 鲁棒控制器设计,将车辆模型简化为单输入单输出系统 SISO(single input single output),稳定的 SISO 车辆线性系统模型如式(5.3)[151]所示:

$$\begin{cases} \dot{x} = \bar{A}x + \bar{B}u \\ y = \bar{C}x \end{cases} \tag{5.3}$$

其中,$x = [\beta w]^T$;$\bar{u} = \delta_f$;$y = w$;$\bar{C} = [0\ 1]$;β 为质心侧偏角;w 为横摆角速度。

$$\bar{A} = \begin{bmatrix} \dfrac{-2(C_f + C_r)}{mv_x} & \dfrac{-2(l_f C_f - l_r C_r)}{mv_x^2} - 1 \\ \dfrac{-2(l_f C_f - l_r C_r)}{I_z} & \dfrac{-2(l_f^2 C_f + l_r^2 C_r)}{I_z v_x} \end{bmatrix};$$

$$\bar{B} = \begin{bmatrix} \dfrac{2C_f}{mv_x} \\ \dfrac{4C_f(l_f^2 C_f + l_r^2 C_r)}{J_z(mv_x^2 + 2l_f C_f - 2l_r C_r)} \end{bmatrix}$$

把侧向风看作干扰,则控制问题变成干扰抑制问题,对于广义系统如图 5.5 而言,将 $G(s)$ 表示成动态方程的形式:$G(s) = [A, B, C, D]$,则可将问题转化为状态空间表示的标准 H_∞ 控制问题。

在干扰抑制问题中,加权函数 $\bar{W}$ 实质上是干扰的模型。当不能准确得到干扰的频率特性时,只需估计出其上界,此时上界可作为加权函数,一般满足:

$$|d(j\omega)| \leqslant |\bar{W}(j\omega)| \tag{5.4}$$

故 $G(s)$ 状态方程为

$$\begin{cases} \dot{x} = \bar{A}x + \bar{B}u + \bar{D}_1 \omega \\ y = \bar{C}x + \omega \\ z = \bar{C}x + \omega \end{cases} \tag{5.5}$$

$$\boldsymbol{\omega}_1 = \frac{0.095s^2 + 15.01s + 9.5}{s^2 + 0.5s + 0.005} \tag{5.6}$$

$$\text{故 } \boldsymbol{G}(s) = \begin{bmatrix} G_{11} & G_{12} \\ G_{21} & G_{22} \end{bmatrix}_{4\times 4} \tag{5.7}$$

其中，$G_{11} = [\bar{\boldsymbol{A}}_{2\times 2}]$；$G_{12} = [\bar{\boldsymbol{E}}_{1\times 2}\bar{\boldsymbol{B}}_{2\times 1}]$；$\boldsymbol{E} = \begin{bmatrix} 1 \\ 1 \end{bmatrix}$；$G_{21} = \begin{bmatrix} C - \\ C - \end{bmatrix}$；$G_{22} = \begin{bmatrix} 10 \\ 10 \end{bmatrix}$。

$$\begin{bmatrix} \boldsymbol{z} \\ \boldsymbol{y} \end{bmatrix} = \boldsymbol{G} \begin{bmatrix} \boldsymbol{\omega}_1 \\ \boldsymbol{u} \end{bmatrix} = \begin{bmatrix} G_{11} & G_{12} \\ G_{21} & G_{22} \end{bmatrix} \begin{bmatrix} \boldsymbol{\omega}_1 \\ \boldsymbol{u} \end{bmatrix} \tag{5.8}$$

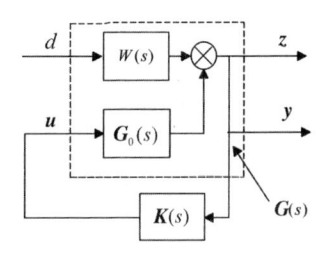

图 5.5 广义干扰抑制系统

控制器表述为 $\boldsymbol{u} = \boldsymbol{K}\boldsymbol{y}$，消去 $\boldsymbol{y}$ 得到从 ω 到 z 的闭环传递函数为

$$F_L(\boldsymbol{G}, \boldsymbol{K}) = G_{11} + G_{12}\boldsymbol{K}(I - G_{22}\boldsymbol{K})^{-1}G_{22} \tag{5.9}$$

故干扰问题转化为求传递函数 $F_L(\boldsymbol{G}, \boldsymbol{K})$ 的 H_∞ 范数达到极小，即 $\min_k \|F_L(\boldsymbol{G}, \boldsymbol{K})\|_\infty$。$H_\infty$ 控制器设计中，理论上最优控制量存在，但实际上很难求得，从工程实现考虑，$L \in [L_{\min}, L_{\max}]$，$L_{\min} = 1.37$，$L_{\max} = 7$。本书所求为满足工程设计要求采取给定增益范围 L 的次优控制问题。

与标准式(5.5)对比，$\boldsymbol{G}(s)$ 有：$\boldsymbol{A} = \bar{\boldsymbol{A}}$，$\boldsymbol{B}_1 = \bar{\boldsymbol{D}}_1$，$\boldsymbol{B}_2 = \bar{\boldsymbol{B}}$，$\boldsymbol{C}_1 = \bar{\boldsymbol{C}}$，$\boldsymbol{C}_2 = \bar{\boldsymbol{C}}$，$D_{11} = 1$，$D_{12} = 0$，$D_{21} = 1$。故 $\boldsymbol{D}_{12}^T \boldsymbol{D}_{12} = R_2 > 0$，$\boldsymbol{C}_1^T \boldsymbol{D}_{12} = 0$ 且 x 和 ω 都可观测，$(\boldsymbol{A}, \boldsymbol{B}_2)$ 能镇定，$(\boldsymbol{A}, \boldsymbol{C}_2)$ 能检测。

给定正数 $L > 0$，$L \in [1.37, 7]$ 取性能指标为

$$J[u(\cdot),\omega(\cdot)] = \int_0^{+\infty} [\pmb{x}_{(t)}^{\mathrm{T}} \pmb{C}_1^{\mathrm{T}} \pmb{C}_1 \pmb{x}_{(t)} + \pmb{u}_{(t)}^{\mathrm{T}} \pmb{R}_2 \pmb{u}_{(t)} - L\pmb{\omega}_{(t)}^{\mathrm{T}} \pmb{u}_{(t)}] \mathrm{d}t$$

(5.10)

当 $\pmb{u}_{(x)}^* = \pmb{R}_2^{-1} \pmb{B}_2^{\mathrm{T}} \pmb{P} \pmb{x}$ 时 $J[u(\cdot),\omega(\cdot)]$ 达到极小。式中 P 满足如式 (5.11)所示的 Riccati 代数方程：

$$PA + A^{\mathrm{T}} P + C_1^{\mathrm{T}} C_1 + \frac{1}{L} PB_1 B_1^{\mathrm{T}} P - PB_2 R_2^{-1} B_2^{\mathrm{T}} P = 0 \quad (5.11)$$

求解出 H_∞ 次优控制量 $\pmb{u}_{(x)}^* = -\pmb{R}_2^{-1} \pmb{B}_2^{\mathrm{T}} \pmb{P} \pmb{x}$。

3. H_∞ 鲁棒控制的仿真结果验证

设计鲁棒控制器的主要目的是消除或降低侧向风干扰所产生的不确定性，保证在紧急避撞过程中车辆的稳定性满足其根据二自由度模型计算得到的稳定性期望值。

侧向风阻力[152]可描述为

$$F_{\mathrm{wind}} = \frac{1}{2} \rho C_y A [v_x^2 + (v_{\mathrm{wind}}^y)^2] \quad (5.12)$$

其中，C_y 为空气阻力系数；A 为汽车迎风面积；v_{wind}^y 为侧向风风速。侧向空气动力学试验参数如表 5.3 所示。

表 5.3　侧向空气动力学试验参数

参数	数值
ρ	1.206 kg/m³
C_y	0.37
A	2.51 m²
v_x	115 km/h

路面附着系数设为 0.85，前车距离自车 20 m，干扰车在自车的右后方 10 m，自车和前车车速为 115 km/h，干扰车车速为 93 km/h，侧向风从车辆前进方向右侧作用在车身上，风速为 15 m/s，在此工况下进行仿真对比分析，以验证抗干扰路径跟踪控制器的有效性。横摆角速度曲线在有风无 H_∞ 控制和有风 H_∞ 控制以及无风 PID 控制情况下的变化规律如图 5.6 所示。

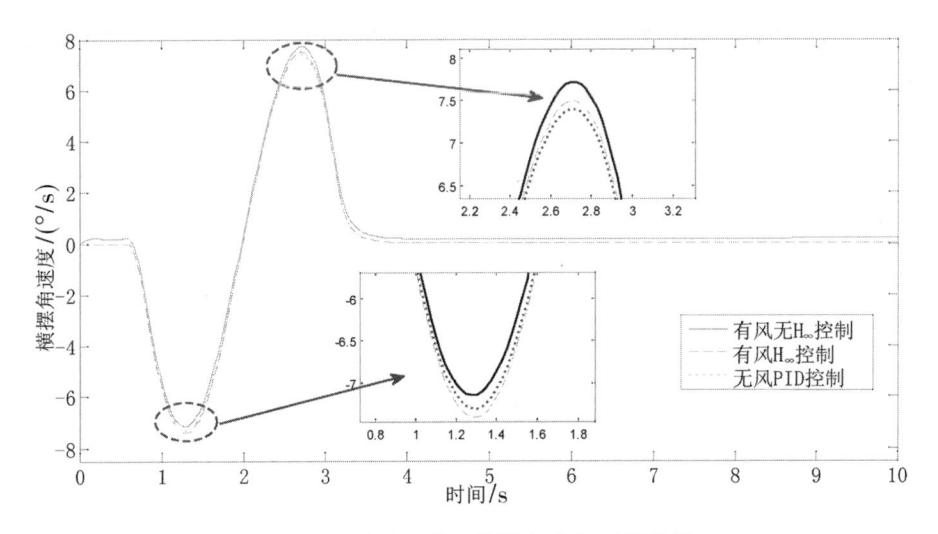

图 5.6　侧向风干扰下横摆角速度-时间曲线

本书设定侧向风从右侧作用,故相对于路面,车有向左偏离的趋势。图 5.6 为在侧向风的干扰下横摆角速度变化图,有风无 H_∞ 控制时,横摆角速度在仿真刚开始时就有一较小的横摆角速度,体现侧向风的作用效果,在跟踪过程中相对无风 PID 控制曲线始终有一定偏离,在换道结束后即图 5.6 中 3.5~10 s 时间内,有风无 H_∞ 控制曲线相对于无风 PID 控制曲线一直存在 0.21 °/s 的偏差,这也解释了图 5.7 中自车无 H_∞ 控制曲线在相应时间段内向上偏移。在局部放大图中我们可以看到,在曲线的波峰和波谷有风无 H_∞ 控制的曲线偏离无风 PID 控制曲线的偏差最大值达到 0.47 °/s,而 H_∞ 控制曲线偏离理想值的偏差最大值达到 0.13 °/s,可说明所设计的 H_∞ 控制器对侧向风干扰所产生的不确定性具有较好的抑制作用,保证在紧急避撞过程中车辆的稳定性满足稳定性期望值。

图 5.7 为在侧向风的干扰下纵向位移-侧向位移图,当无控制时,本书设定侧向风从右侧作用,故相对于路面,自车、干扰车和前车在侧向风的干扰下都出现了不同程度的向左侧偏离,通过自车无控制和 H_∞ 控制对比曲线(图中红色实线和绿色粗虚线)可以看出,H_∞ 控制轨迹光滑平缓,曲线向左侧偏离趋势不明显,在纵向位移为 240 m 左右时开始能看到曲线有一点向上偏移,但偏移量很小,总体控制效果较好,可说明所设计的 H_∞ 控制器对侧向

风干扰所产生的不确定性具有较好的抑制作用，且保证了在紧急避撞过程中车辆的稳定性要求。

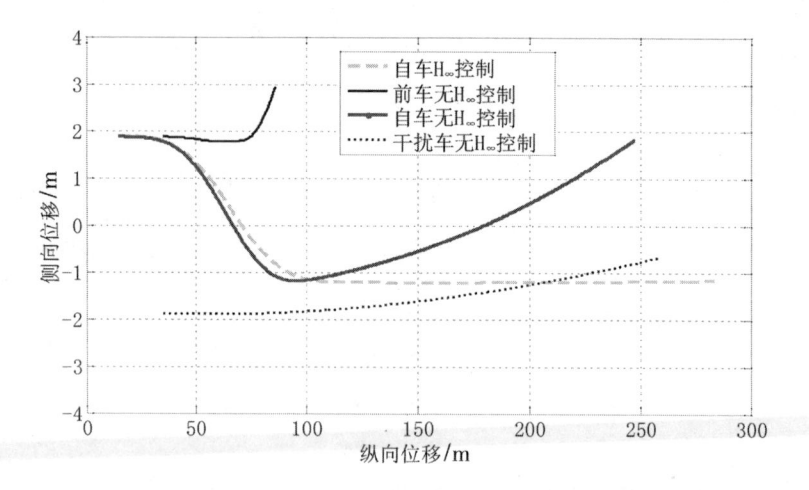

图 5.7　侧向风干扰下纵向位移-侧向位移曲线

第三节　本章小结

本书利用遗传算法优化出神经网络控制器的最佳初始权值和阈值，在相同工况、成功避撞的前提下，神经网络控制器使得车辆自身有更小的横摆角速度和质心侧偏角，驾乘人员有更好的舒适性。针对外界环境干扰等客观存在的因素对避撞过程的影响，在换道过程中，主要影响车辆转向的因素有侧向风干扰等因素所产生的不确定性，将车辆简化为单输入单输出模型，利用 H_∞ 控制具有使干扰影响达到最小的能力、具有较强的鲁棒性的特点，设计的 H_∞ 鲁棒控制器较好地抑制了这些干扰因素，车辆能够较好地跟踪期望轨迹。通过遗传优化的神经网络和 H_∞ 控制器的设计与应用，提高了避撞过程中自车的稳定性和抗干扰性。

第六章　汽车转向与制动协调控制半物理仿真试验研究

汽车高速紧急避撞协调控制系统结构和算法比较复杂，而且高速紧急情况的实车避撞试验极其危险。硬件在环仿真方法是现在主流汽车电控开发所采用的快速开发手段，为此，本书利用硬件在环的方法进行汽车避撞协调控制半物理仿真试验研究。本章将建立基于 Lab VIEW 上位机和 Freescale 单片机为控制器的下位机汽车避撞协调控制系统硬件在环试验，对所设计的控制算法进行试验，检验其控制效果。

第一节　汽车紧急避撞协调控制半物理仿真试验系统

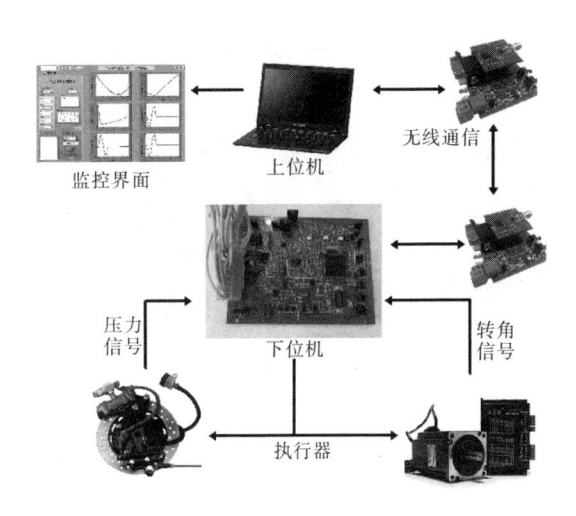

图 6.1　汽车紧急避撞协调控制半物理试验系统

汽车紧急避撞协调控制半物理试验系统如图 6.1 所示，主要分为上位机、下位机、执行机构、传感器信号和通信模块。上位机包括两个部分，监控界面和神经网络上层控制器，由于算法比较复杂，普通单片机运算无法满足实时性要求，故上层控制器由 PC 机来完成运算，下位机的 MCU 为 Freescale DP512 芯片，驱动器采用电机配套驱动器，传感器信号包括压力信号和电机转角信号，执行机构包括液压制动机构、转向电机，通信模块采用 Zigbee 无线通信模块。

试验台架如图 6.2 所示。

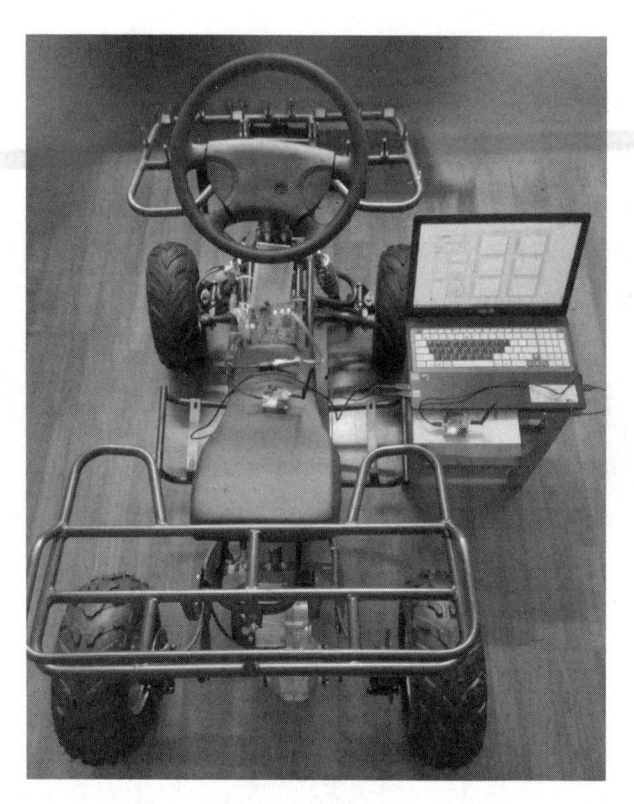

图 6.2　试验台架

系统硬件如表 6.1 所列。

第六章 汽车转向与制动协调控制半物理仿真试验研究

表 6.1 系统硬件

序号	名称	型号	数量
1	计算机	ASUSN53T	1
2	主控制 MCU	DP512	1
3	通信 MCU	CC2530	2
4	转角传感器	3634010-N01	1
5	压力传感器	PT210B	1
6	轮速传感器	CSM12-C10N	4
7	转向电机	86BYGH250C	1
8	液压泵	CBD2404	1

车辆的位置、车速、路面附着系数等信息由软件给定，即真实道路环境中采用差分 GPS 和毫米波雷达测出的信息由软件给出，车辆的状态估计在上位机上根据第三章蚁群优化的 UKF 算法估计出来，神经网络算法的运算同样在上位机上完成。上位机输出信息通过 Zigbee 无线通信模块把信息给下位机，下位机 DP512 核心处理器接收到上位机信号后，通过其 PWM 模块的引脚输出相应信号电平给执行器驱动模块，通过制动压力传感器和电机转角传感器反馈实时压力和转角物理量，通过反馈调节输出跟踪理想值，验证算法和控制器有效性，上位机界面运行实时显示状态变量，同时检测无线通信模块是否能正常工作。

第二节　汽车紧急避撞协调控制半物理仿真试验系统硬件设计

下位机硬件系统设计包括主控制器设计、信号采集系统设计和数据通信系统设计等几个主要部分。主控制芯片采用 Freescale DP512 型号单片机，主控制器 PCB 板上集成单片机最小系统，串口通信模块，执行器驱动模块。信号采集系统模块包括模拟量采集模块和数字量采集模块。数据通信系统模块包括无线通信模块和有线串行通信模块。

1. 主控制器设计

1）电源模块设计

单片机采用 5V 电源供电，试验模型车采用 48 V 供电，电源为四个 12 V 电池串联组成，取其中两个电池组串联给单片机供电，即电压为 24 V，其电压转换电路原理图如图 6.3 所示。采用 TP3320 芯片进行电压转换给单片机供电，初步假设电感中电流峰值为 3 A，R_3、R_4、$L_{1.1}$ 需要根据输入和输出计算选取的大小，TP3320 的频率是 500 kHz，采用 SOP-8 封装。

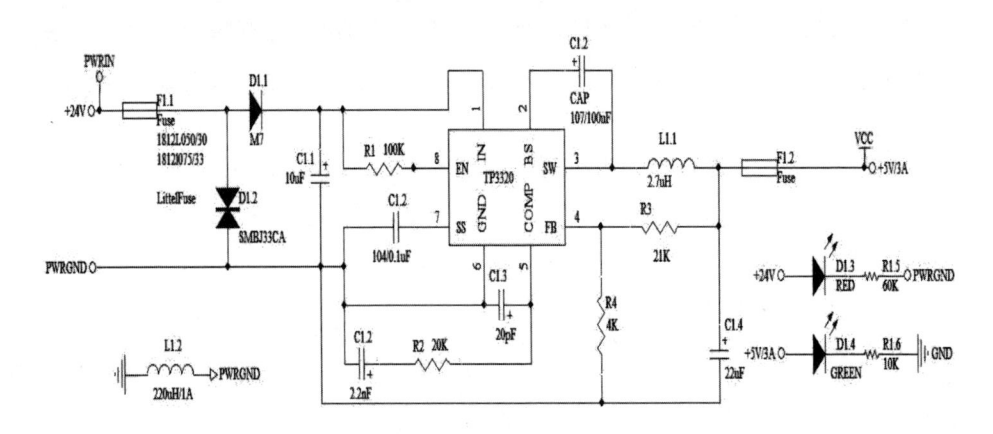

图 6.3　主控制器电源电路图

2)串口通信模块

MAX232是一种通信电平转换芯片。当用单片机和PC机通过串口进行通信时，单片机提供的信号电平和RS232的标准不一样，需要通过MAX232进行电平转换。串口通信电路原理图如图6.4所示。

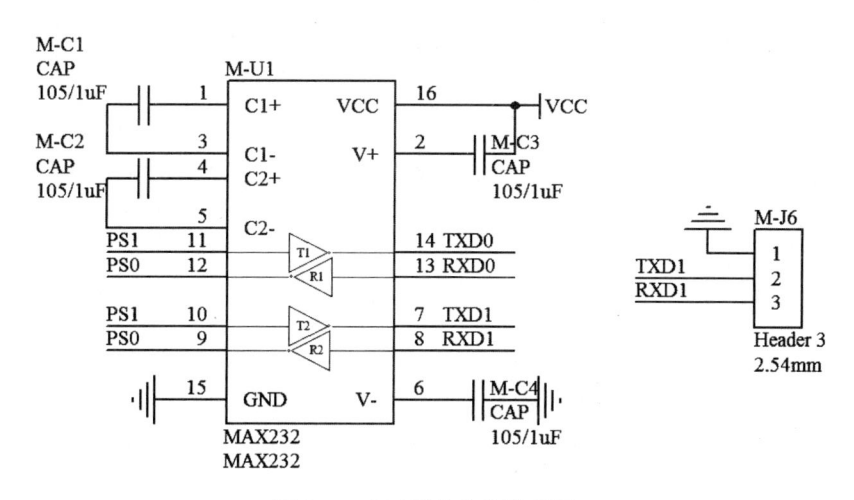

图6.4 串口通信电路原理图

3)最小系统

单片机最小系统一般应该包括：单片机、晶振电路和复位电路等。Freescale DP512最小系统电路原理图如图6.5所示。

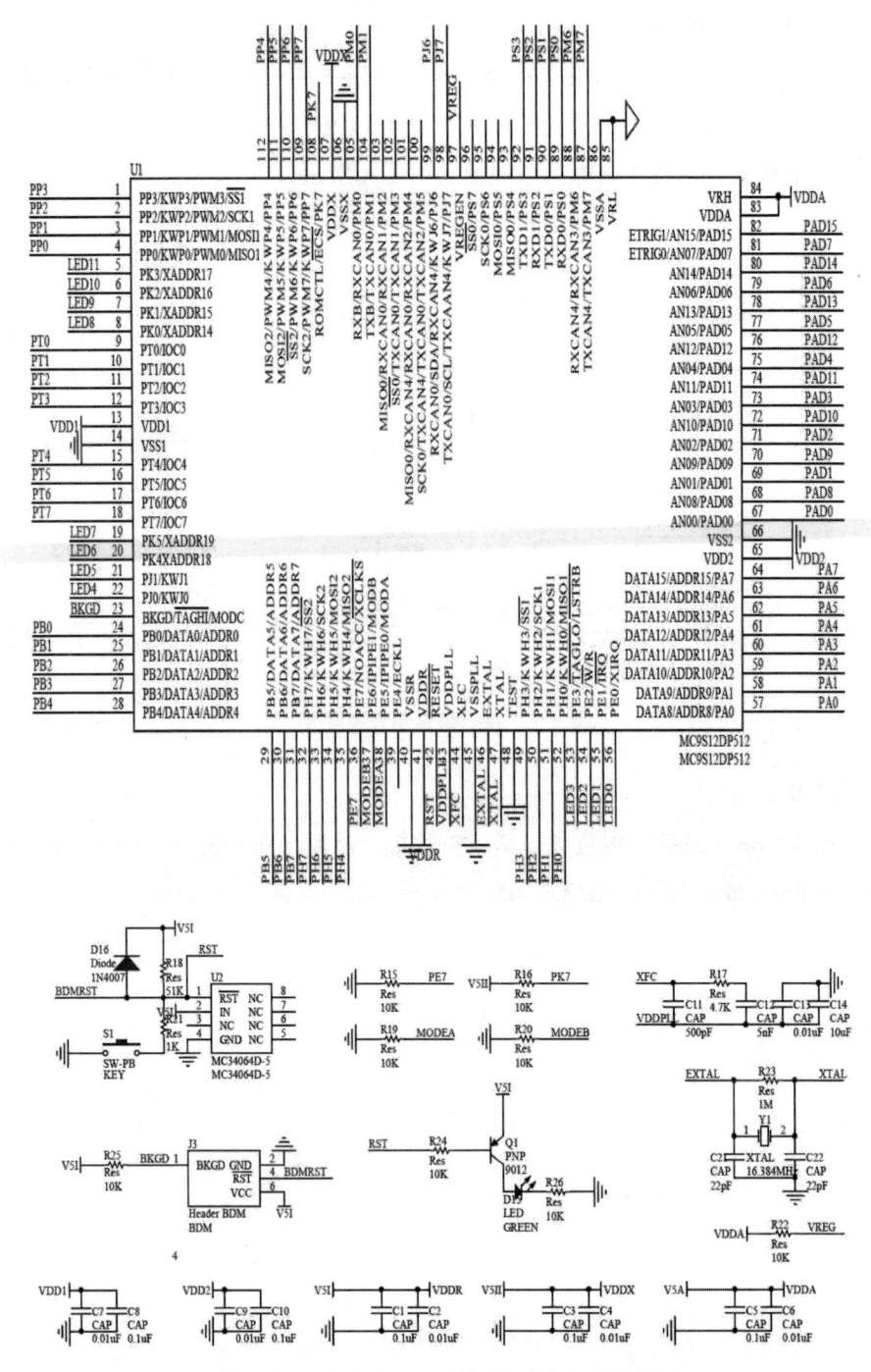

图 6.5 飞思卡尔 DP512 最小系统电路原理图

4)下位机主控制器

将上述单片机最小系统、串口通信电路和电源供电模块电路集成到一块硬件电路板上,同时引出单片机信号采集和控制信号管脚,通过信号线分别与传感器和执行机构的驱动器控制引脚相连。下位机主控制器如图 6.6 所示。

图 6.6　下位机主控制器

2. 通信模块与信号采集模块

1)无线通信模块

无线通信采用遵循 IEEE802.15.4 国际标准的 ZigBee 模块,考虑后续可能做动态试验,电脑(上位机)放在模型车上会产生剧烈抖动且无法远程操控,故把下位机主控制器固定在模型车上,上位机与下位机通过无线模块建立信息传递和指令发送与接收,达到远程控制的目的。ZigBee 模块如图 6.7 所示。

图 6.7 ZigBee 模块

2)信号采集模块

采集的信息有压力传感器信号，方向盘转角信号和轮速传感器信号等。轮速传感器采用霍尔型开关传感器，在轮毂上吸上合适小磁铁，车轮转动周期性改变磁场强度，通过检测规定时间内电平跳变沿的次数，通过软件算出当前轮速，压力传感器和方向盘转角信号通过下位机主控制器模数转换模块读取传感器实时信息。

3)执行器驱动模块

执行器主要是转向电机和液压油泵的驱动。油泵驱动是由单片机的 I/O 口通过三极管和 MOSFET 组成的驱动电路。

液压油泵驱动电路原理图如图 6.8 所示。

转向电机的驱动主要由配套的驱动器来控制，驱动器内部采用 L298N 芯片，L298N 供电电压范围是 2.5~48 V，可满足大部分工业控制场合，而且它是一种双 H 桥电机驱动芯片，中间的每个 H 桥可以提供 2 A 的电流，逻辑部分 5 V 供电，接受 5 V TTL 电平。其驱动器如图 6.9 所示。

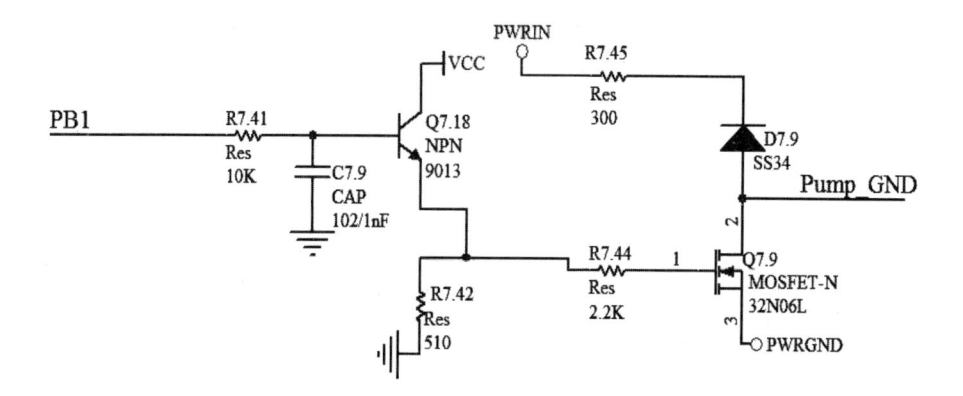

图 6.8　液压油泵驱动电路原理图

图 6.9　驱动器

第三节　汽车紧急避撞协调控制半物理试验系统软件设计

软件设计包括两个部分，一个是上位机监控界面的设计和控制算法的编程设计，一个是下位机控制程序算法设计。

1. 上位机软件设计

上位机软件界面的开发利用一种图形化的编程语言的开发平台

LabVIEW(laboratory virtual instrument engineering workbench)软件来编写监测界面，它由美国国家仪器(NI)公司研制开发，产生的程序是框图的形式。LabVIEW 软件是 NI 设计平台的核心，利用它可以方便地建立自己的虚拟仪器。本书利用它集成 RS-232 协议的硬件和数据采集通信的特点，利用 RS-232 通信将模型车的实时信息传递到上位机检测界面。目前，它广泛用于工业控制中，故本书采用此平台开发监控上位机。

本书基于 LabVIEW 编写的监控界面如图 6.10 所示。

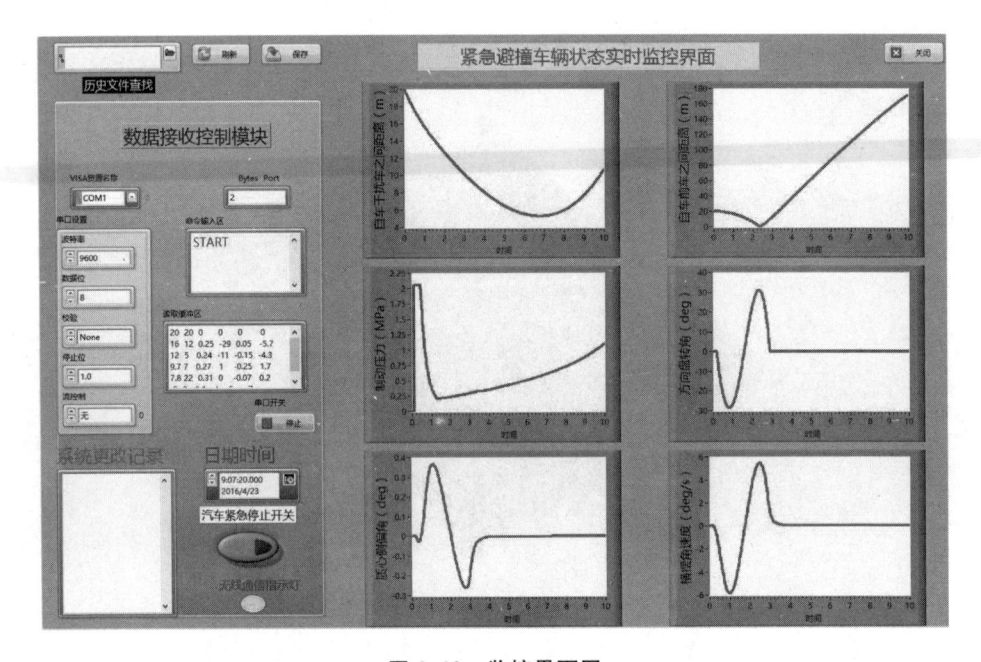

图 6.10 监控界面图

界面左上角是历史文件查找框，所有试验历史数据都会以 txt 文本保存，可以通过此窗口查找历史试验数据。数据接受控制模块包括串口初始化设置、上位机发送指令窗口、上位机接收数据窗口，以及串口总开关，无线传输状态通过面板上无线通信指示灯的状态来判断通信是否正常，该模块还有系统设置更改记录和时间显示窗口，紧急停止按钮是为了防止出现意外情况，让模型车紧急停车。界面右侧部分是几个关键变量的实时变化图像采集，通过图形界面可以便于观察当前车辆各种状态和执行器动作情况。

上位机算法编程采用 Matlab 软件编程,通过 LabVIEW 扩展工具包 SIT (simulation interface toolkit)实现 LabVIEW 与 Matlab 交互编程。

2. 下位机软件设计

控制程序采用 C 语言编程,采用 Freescale DP512 单片机为核心处理器,程序编译器采用 code warrior IDE,该编译器为 Freescale 单片机官方指定编译器,界面设计人性化,简洁,非常适合做嵌入式应用开发。

(1)程序整体算法框图如图 6.11 所示。

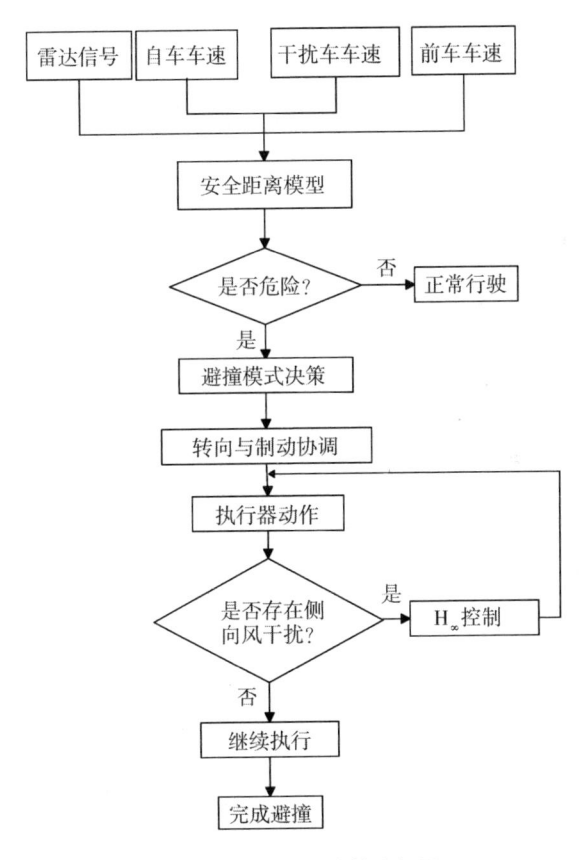

图 6.11 程序整体算法框图

(2)系统的相关硬件驱动程序。硬件驱动程序包括串口通信的驱动、电机和液压油泵的驱动、AD 采集的驱动,以及实时中断的程序,本书以 DP512 单片机为处理核心,对其各部分驱动程序编写如图 6.12 所示。

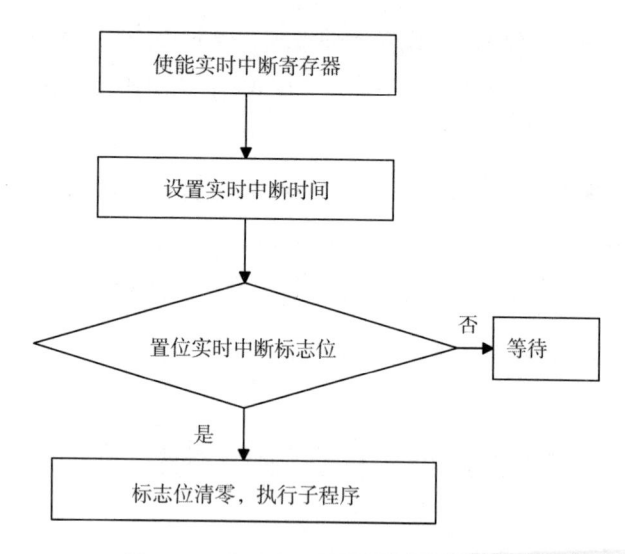

```
┌─────────────────────┐
│   使能实时中断寄存器   │
└─────────────────────┘
           ↓
┌─────────────────────┐
│    设置实时中断时间    │
└─────────────────────┘
           ↓
        ╱────╲          否   ┌──────┐
       ╱ 置位实 ╲──────────→│  等待  │
       ╲时中断标╱            └──────┘
        ╲志位 ╱
         ╲──╱
           │ 是
           ↓
┌─────────────────────┐
│ 标志位清零，执行子程序 │
└─────────────────────┘
```

图 6.12　实时中断驱动程序设置框图

实时中断(RTI，real time interruption)是用来计数的中断，RTI 的时钟为外部晶振，通过设置寄存器 RTICTL 可以设置中断的时间间隔。实时中断驱动程序设置框图如图 6.12 所示。

电机和液压油泵驱动采用脉宽调制(PWM，pulse width modulation)来驱动：不同占空比的方波信号能对电机起到调速作用，液压油泵里实际是一个电机驱动，两者驱动程序一样，只是控制端口不一样。驱动程序设置框图如图 6.13 所示。

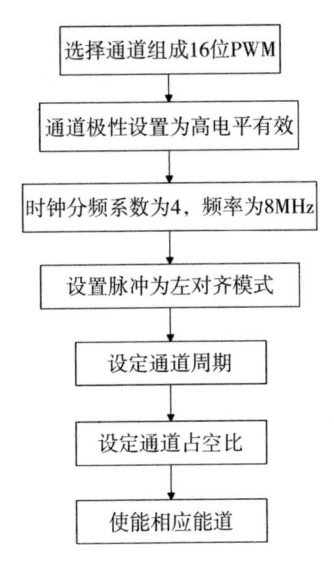

第六章 汽车转向与制动协调控制半物理仿真试验研究

```
选择通道组成16位PWM
        ↓
通道极性设置为高电平有效
        ↓
时钟分频系数为4，频率为8MHz
        ↓
设置脉冲为左对齐模式
        ↓
设定通道周期
        ↓
设定通道占空比
        ↓
使能相应能道
```

图 6.13 电机和液压油泵驱动程序框图

各种传感器采集的都是模拟信号而单片机只能识别数字信号，故需要通过模数转换模块将信号采集进单片机进行处理。A/D 转换的过程是模拟信号依次通过取样、保持和量化、编码几个过程后转换为数字格式。驱动程序设置框图如图 6.14 所示。

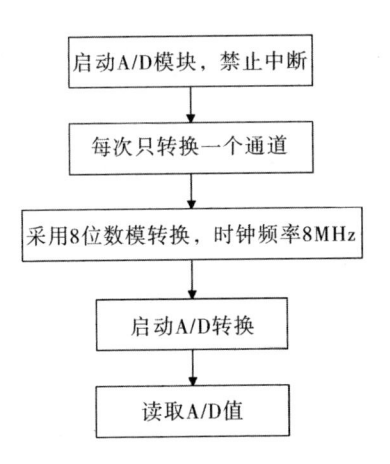

```
启动A/D模块，禁止中断
        ↓
每次只转换一个通道
        ↓
采用8位数模转换，时钟频率8MHz
        ↓
启动A/D转换
        ↓
读取A/D值
```

图 6.14 AD 采集驱动程序框图

串行接口简称串口，其特点是：数据位的传送，按位顺序进行，最少只需一根传输线即可完成，由于试验时通信单片机与电脑之间距离仅几十厘米，完全满足实时通信要求。串行接口驱动程序设置框图如图 6.15 所示。

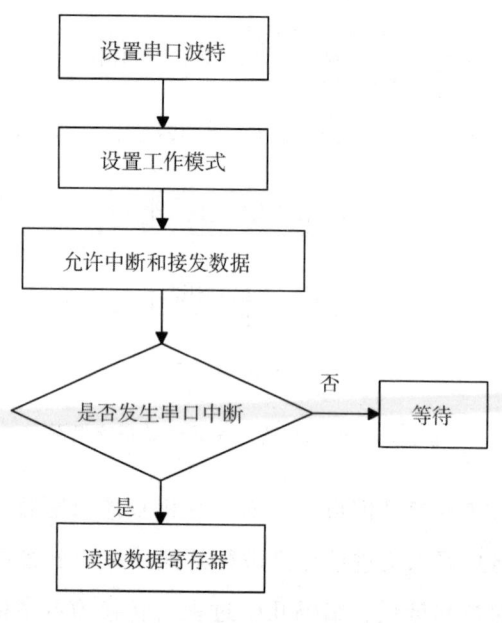

图 6.15 串行接口程序框图

第四节 半物理仿真试验与分析

基于搭建的汽车紧急避撞协调控制硬件在环试验系统，进行控制算法的试验验证。

试验工况设定：

(1) 路面附着系数设为 0.85，前车距离自车 20 m，干扰车在自车的右后方相距 10 m，自车和前车车速为 85 km/h，干扰车车速为 73 km/h；

(2) 路面附着系数设为 0.2，前车距离自车 40 m，干扰车在自车的右前方 30 m，自车和前车车速为 105 km/h，干扰车车速为 87 km/h 的工况。

1. 模拟高附着系数路面半物理仿真试验

图 6.16 中的理想值是根据规划好的路径通过转向逆动力学建模求出的理

论方向盘转角值，实际值是转向电机转角变化通过转角传感器所测量值。图 6.20 中理想值和实际值的含义与此相同，下文不再赘述。从图 6.16 中看出实际电机转角幅值稍大于理想值，由于转向安全路径规划时以临界点为边界来设计，转角幅值稍大表明转向更安全，转角越大越不易碰到前车右后方，但转角不能过大使车失去稳定性，在硬件在环时由于元器件都处于静态，曲线没有毛刺较接近理想跟踪值，验证了硬件控制器的实时性和可行性，以及程序的可执行性。

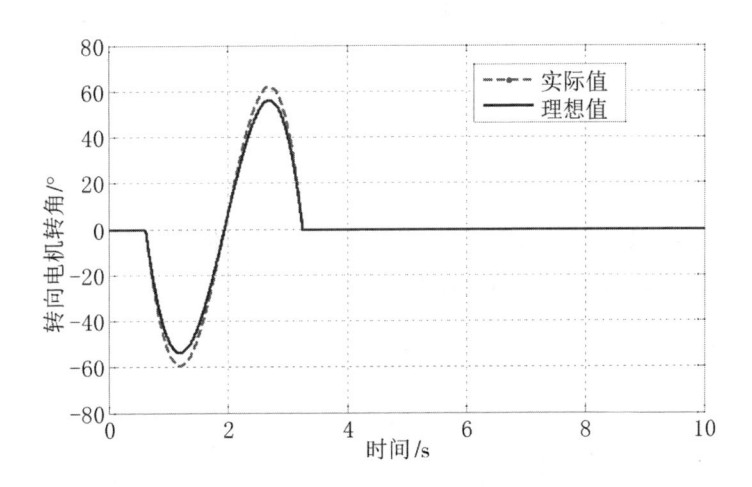

图 6.16　附着系数路面转向电机转角的理想值与实际值对比图

图 6.17 表示制动压力变化图，刚开始检测到前车紧急制动，自车也立即制动，即在 0~0.4 s 内制动压力为 0.78 MPa；当检测到在避撞过程中检测与前车纵向安全距离满足避撞要求后，较快地减少制动压力，即 0.4~1.3 s 内变化曲线；当检测到距离过小时，又开始缓慢增加制动压力，即 1.3~3.8 s 内变化曲线；当避撞完成后，制动压力迅速减为零，自车正常行驶，即 3.8~10 s 内变化曲线。

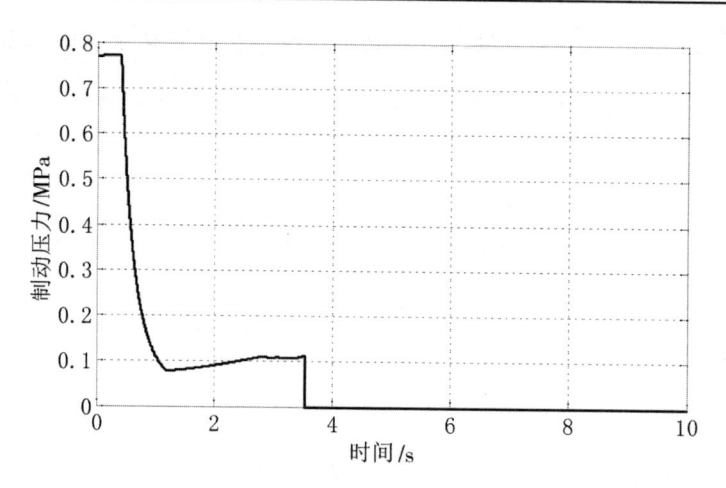

图 6.17 高附着系数路面制动压力变化图

图 6.18 和图 6.19 分别表示避撞过程中横摆角速度与质心侧偏角的变化图，横摆角速度最大值为 8.75 °/s，质心侧偏角最大值为 0.23 °，根据第四章式(4.6)、式(4.9)分别算出期望横摆角速度安全阈值为 10.23 °/s、质心侧偏角安全阈值为 9.98 °，满足车辆避撞过程中稳定性要求。

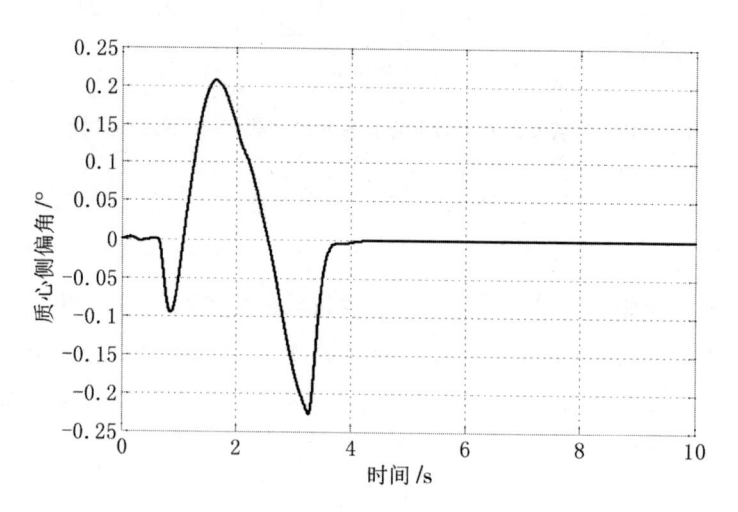

图 6.18 高附着系数路面避撞过程中质心侧偏角变化图

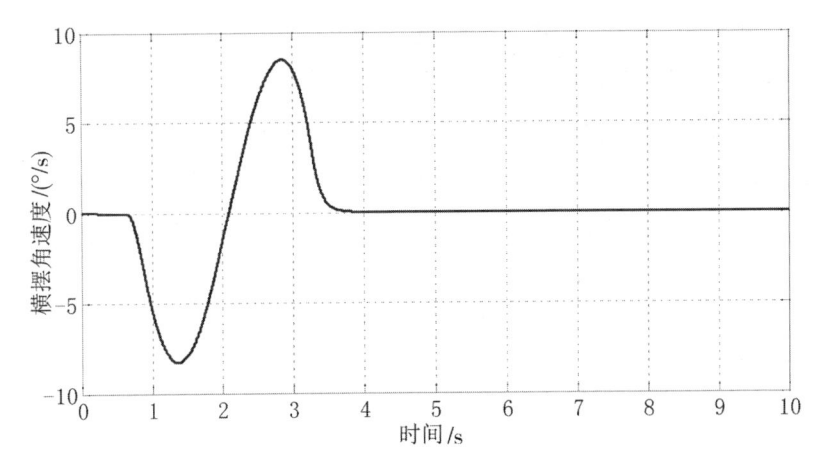

第六章　汽车转向与制动协调控制半物理仿真试验研究

图 6.19　高附着系数路面避撞过程中横摆角速度变化图

2. 模拟低附着系数路面半物理仿真试验

在图 6.20 中可以看出实际电机转角幅值稍大于理想值，由于转向安全路径规划时以临界点为边界来设计，转角幅值稍大表明转向更安全，转角越大越不易碰到前车右后方，但转角不能过大使车失去稳定性，硬件在环时由于元器件都处于静态，曲线没有毛刺较理想跟踪理想值，验证了硬件控制器的实时性和可行性，以及程序的可执行性。

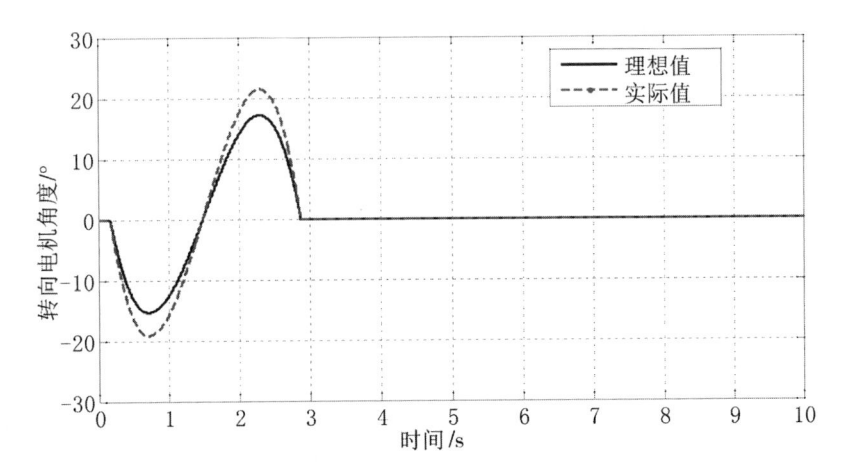

图 6.20　低附着系数路面转向电机角度的理想值与实际值对比图

图 6.21 表示制动压力变化图，刚开始检测到前车紧急制动，自车没有立

即制动，即 0~0.5 s 内制动压力为 0，当检测到在避撞过程中检测与前车纵向距离过小时，立即增大制动压力，同时也避免与右前方车辆追尾，即 0.5~2.8 s 内变化曲线；当避撞完成后，制动压力减小，但自车正常车速高于干扰车车速，随着时间的推移，自车和干扰车距离过近，自车制动压力又开始增加，增大两车的车间距，保证行驶的安全性，即 2.8~1.3 s 内变化曲线。

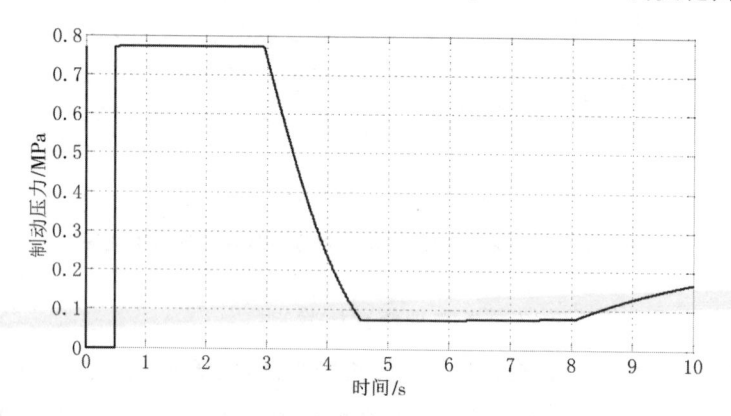

图 6.21 低附着系数制动压力变化图

图 6.22 和图 6.23 分别表示避撞过程中横摆角速度与质心侧偏角的变化图，横摆角速度最大值为 3.42 °/s，质心侧偏角最大值为 0.44 °，根据第四章稳定性公式算出期望横摆角速度安全阈值为 6.03 °/s、质心侧偏角安全阈值为 2.27 °，故车辆避撞过程中稳定性满足要求。

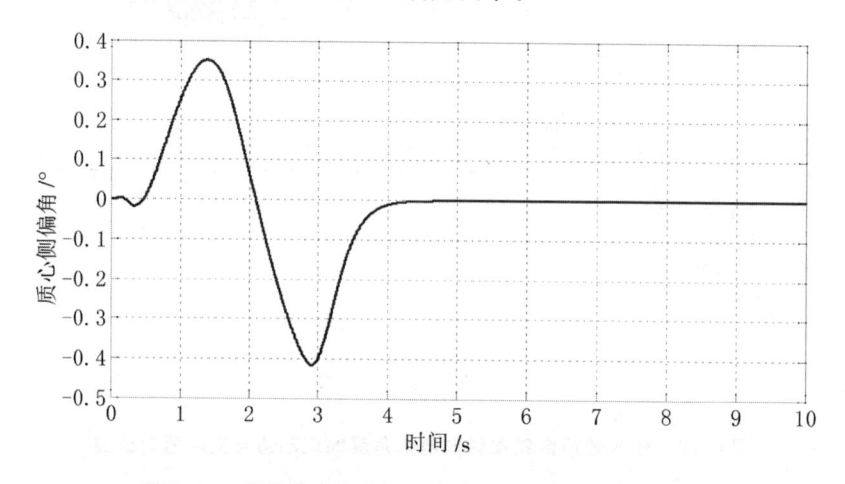

图 6.22 低附着系数路面避撞过程中横摆角速度变化图

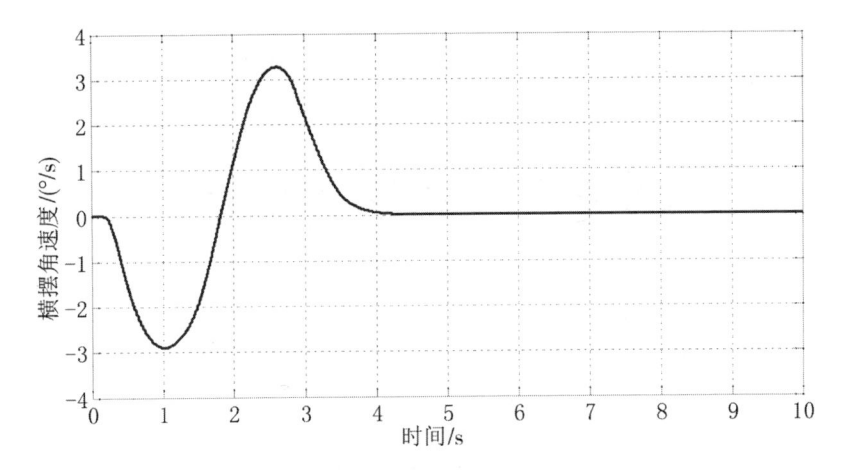

图 6.23　低附着系数路面避撞过程中质心侧偏角的变化图

第五节　本章小结

为了验证高速紧急避撞协调控制系统的有效性，利用模型实验车台架进行了高速紧急避撞汽车协调控制系统的半物理实验。在不同附着系数的路面上对所开发的模型实验车的紧急协调避撞控制算法进行了检测。试验结果表明，研制的控制器和协调控制算法能够有效地实现紧急避撞，并能够保证汽车的安全稳定性。

第七章 总结与展望

第一节 本书主要研究工作和创新点

1. 主要研究工作

本书首先建立了汽车动力学模型，包括整车的七自由度模型和线性二自由度车辆模型、刷子轮胎模型等，用于汽车紧急避撞控制系统的研究。基于 Simulink 平台与 Carsim 软件，验证了上述模型的正确性。

针对汽车避撞过程稳定性控制关键参数估算的需要，提出了一种蚁群算法优化的 UKF 的状态估计自适应滤波算法。运用蚁群算法的寻优功能，通过适当地选择目标函数，对过程噪声和观测噪声的协方差矩阵进行寻优运算，实现了算法的自适应，仿真表明提高了算法的鲁棒性和估计精度。

针对高速公路多车复杂工况，基于传统的安全距离模型建立了双车道多车紧急纵向避撞安全距离模型和侧向避撞换道路径规划模型。在制动避撞条件下，建立推导出纵向避撞安全距离模型，对于转向避撞情况采用五阶多项式进行路径规划，建立了换道避撞路径规划模型。

针对紧急情况采取何种较优避撞模式问题，提出了一种基于灰色理论的车辆避撞模式决策方法，运用该决策方法解决避撞模式选择问题，重点研究了制动和转向协调避撞模式。建立了 BP 神经网络上层控制器，协调汽车制动与转向同时工作，通过纵向安全距离模型和侧向换道路径求出制动减速度变化曲线和侧向加速度变化曲线，通过逆动力学建模得到制动压力变化曲线和前轮转角变化曲线，建立了 PID 下层控制器执行制动和转向控制。仿真结果表明，算法控制效果良好，在紧急工况下，满足稳定性要求的前提下能较好地实现避撞。

针对神经网络控制器优化问题，利用遗传算法优化出神经网络控制器的最佳初始权值和阈值，使得神经网络控制器在相同工况下，实现成功避撞的前提下，车辆具有更小的横摆角速度和质心侧偏角，提高了驾乘人员的舒适性。针对外界环境干扰等客观存在的因素对避撞过程的扰动，分析了在换道过程中，主要影响车辆转向的因素有侧向风干扰等因素所产生的不确定性，将车辆简化为单输入单输出模型，利用 H_∞ 控制具有抑制干扰的能力以及较强的鲁棒性特点，设计的 H_∞ 鲁棒控制器成功抑制了这些干扰因素，车辆能够较好地跟踪期望轨迹。

设计并研制了基于 LabVIEW 和 MATLAB/Simulink 的汽车紧急避撞协调控制硬件在环试验系统。试验系统主要包括上位机和下位机。试验结果表明，控制器能实时判别汽车紧急工况并输出控制电压；制动系统和主动前轮转向系统能实时响应，执行器能及时动作，且横摆角速度和质心侧偏角的稳定性指标在安全范围内。控制算法对外界干扰等具有较好的鲁棒性。

2. 主要创新点

(1)提出了一种蚁群优化 UKF 自适应滤波算法。运用蚁群算法的寻优功能，通过适当选择目标函数对过程噪声和观测噪声的协方差矩阵进行寻优运算，实现了算法的自适应。

(2)提出了一种新的基于双扩展 H 无穷卡尔曼滤波（$EH_\infty KF$）车辆状态参数估计综合方案，实现对车辆质量、车速、横摆角速度和侧偏角的高精度估计以及不同工况下的仿真试验验证。

(3)提出了一种基于灰色神经网络的转向与制动紧急避撞协调控制方法。通过灰色决策选择避撞模式，通过神经网络协调制动与转向控制，使汽车在高速紧急条件下，在单一避撞模式避不开的前提下，成功避开前方突然出现的障碍，且保证了避撞车辆的稳定性。

(4)建立了一种遗传算法优化的神经网络协调避撞算法。利用该方法优化神经网络的初始权值和阈值，使得神经网络控制器得到更优的协调权值，改善驾乘人员的舒适性；考虑避撞过程中外界干扰的影响，运用 H_∞ 控制抑制避撞干扰，提高了控制的鲁棒性。

(5)自主设计了基于 Matlab/Simulink 和 LabVIEW 的汽车紧急避撞协调控制硬件在环试验系统。控制器能实时地判别汽车紧急工况并实时计算和判定，输出转向与制动控制信号，实现转向与制动协调控制半物理仿真试验，验证了算法的有效性。

第二节　展望

本书主要针对高速紧急避撞系统中几个关键技术问题进行了研究，并取得了部分成果，由于条件所限，本书尚存在不足之处，需要进一步研究。

(1)考虑到实车试验的条件所限和实车道路试验的危险性，本书目前只做了半物理仿真试验台架验证，尚未做实车道路试验，这部分内容将在后续工作中进行研究与探讨。

(2)针对神经网络协调的避撞控制，在路径规划中虽然保证了稳定性要求，但没有对稳定性问题进行深入探讨，稳定性控制器和避撞控制器之间存在复杂的耦合问题，需要进一步探讨合理的解耦方法，解决不同控制器之间的耦合问题。

(3)在整个避撞工程中主要以成功避撞为目标，没有定量研究驾乘人员的舒适性，后续需要定量研究驾乘人员舒适性评价指标。

参考文献

[1] 布洛基(意). 智能车辆智能交通系统的关键技术[M]. 王武宏, 等, 编译. 北京: 北京人民交通出版社, 2002.

[2] Willie D Jones. Keeping cars from crashing [J]. IEEE Spectrum, 2001, 38(9): 40-45.

[3] Kyongsu Yi, Minsu Woo, Sung Ha Kim, et al. An experimental investigation of a CW/CA system for automobile using hardware in the loop simulation[J]. Proceedings of the American control conference, San Diego, California, 1999: 724-728.

[4] 燕来荣. 避撞技术为汽车保驾护航一路畅通[J]. 交通与运输, 2014(2): 51-52.

[5] 陈天殷. 大众 CC 自动巡航控制 ACC 工作原理浅析[J]. 汽车电器, 2014(07): 14-18.

[6] 周勇. 智能车辆中的几个关键技术研究[D]. 上海: 上海交通大学, 2007.

[7] 吕德刚, 张金柱. 汽车主动安全避撞系统发展研究[J]. 黑龙江科技信息, 2010(09): 38.

[8] Woll J D. Radar Based Adaptive Cruise Control for Truck Applications [J]. SAE Paper 973184.

[9] Patrick Jose Ph Glynn, CElec, B Trinity, et al. Collison Avoidance Systems for Mine Haul Trucks and Unam-biguous Dynamic Real Time Single Object Detection[D]. Australia Griffith University, 2005.

[10]Prestl W, SauerT, et al. The BMW Active Cruise Control ACC[J]. SAE Paper 2000, 01-0344.

[11]Venhovens P, Naab K, Adiprastito B. Stop&Go Cruise Control[J]. Automotive Technol, 2000, 1(11)61-69.

[12]罗莉华. 车辆自适应巡航系统的控制策略研究[M]. 上海：上海交通大学出版社.

[13]侯德藻. 汽车纵向主动避撞系统的研究[D]. 北京：清华大学, 2004.

[14]Eidehall A, Pohl J, Gustafsson F, et al. Toward Autonomous Collision Avoidance by Steering[J]. IEEE Transactions on Intelligent Transportation Systems, 2007, 1(8)：84-94.

[15]Brannstrom M, Coelingh E, Sjoberg J. Threat Assessment for Avoiding Collisions with Turning Vehicles[J]. IEEE Intelligent Vehicles Symposium, 2009, 663-668.

[16]王跃建, 侯德藻, 李克强, 等. 基于ITS的汽车主动避撞关键技术研究（一）[J]. 汽车技术, 2003 (3)：3-8.

[17] Ernst D Dickmanns. Computer vision and highway automation[J]. Vehicle System Dynamics. 1999(31)：325-343.

[18]Xin Zhou, Xi-yue Huang. Road following and obstacle detection for automated highway application[J]. Journal of Image and Graphics, 2000, 5(Supp)：403-406.

[19]宋彩霞, 王波涛. 车辆测距方法[A]. 第十九届测控、计量、仪器仪表学术年会（MCMI2009）论文集[C]. 中国电子学会, 2009：176-180.

[20]赵玉洁. 国外汽车自动防撞系统发展迅速[J]. 汽车电器, 1992(05)：8-9.

[21]韩洋. 高速公路汽车追尾防撞预警系统研究[D]. 太原：中北大学, 2008.

[22]汪明磊. 智能车辆自主导航避障路径规划与跟踪控制研究[D]. 合肥：合肥工业大学, 2013.

[23]E D R Shearman, E G Hoare, A Hutton. Trials of automotive radar and lidar performance in roads pray[C]. IEE automotive radar and navigation techniques colloquium, London, UK, 1998(10)：1-7.

参考文献

[24] 蒋飞. 汽车主动避撞雷达系统的研究[D]. 武汉：武汉理工大学，2006.

[25] 洪凌. 沃尔沃汽车公司发展战略研究[D]. 成都：西南交通大学，2013.

[26] Chen B C，Hsieh F C. Sideslip angle estimation using extended Kalman filter[J]. Vehicle System Dynamics，2008(46)：353-364.

[27] 李旭，宋翔，张为公. 基于扩展卡尔曼滤波的车辆状态可靠估计[J]. 东南大学学报(自然科学版)，2014，44(4)：740-744.

[28] 宗长富，胡丹，杨肖，等. 基于扩展 Kalman 滤波的汽车行驶状态估计[J]. 吉林大学学报(工学版)，2009，39(1)：7-11.

[29] 赵又群，林棻. 基于 UKF 算法的汽车状态估计[J]. 中国机械工程，2010，21(5)：615-619.

[30] Antonov S，Fehn A，Kugi A. Unscented Kalman filter for vehicle state estimation[J]. Vehicle System Dynamics，2011，49(9)：1497-1520.

[31] 张小龙，李亮，李红志，等. 基于改进 RBF 网的汽车侧偏角估计方法试验研究[J]. 机械工程学报，2010，46(22)：105-110.

[32] Melzi S，Sabbioni E. On the vehicle sideslip angle estimation through neural networks：Numerical and experimental results[J]. Mechanical Systems and Signal Processing. 2011，25(6)：2005-2019.

[33] Cheli F，Melzi S，Sabbioni E. An Adaptive Observer for Sideslip Angle Estimation：Comparison With Experimental Results[C]. Proceedings of the ASME 2007 International Design Engineering Technical Conferences & Computers and Information in Engineering Conference. Nevada：ASME，2007，1193-1199.

[34] 施树明，Lupker Henk，Bremmer Paul，等. 基于模糊逻辑的车辆侧偏角估计方法[J]. 汽车工程. 2005，27(4)：426-430.

[35] 张凤娇，魏民祥，赵万忠. 基于蚁群优化 UKF 算法的汽车状态估计[J]. 中国机械工程. 2015，26(22)，3046-3050.

[36] Nelson W. Continuous-curvature paths for autonomous vehicles[C]. Proceedings，1989 IEEE International Conference on Robotics and Automation，2002，1260-1264.

[37] 李晓霞，李白川，候德藻，等.汽车追尾碰撞预警系统研究[J].中国公路学报，2001，14（3）：93-95.

[38] 李诗福.汽车避撞控制系统建模与仿真研究[D].长沙：湖南大学，2009.

[39] 候德藻，刘刚，高峰，等.新型汽车主动避撞安全距离模型[J].汽车工程，2005，27(2)：186-190.

[40] 杨双宾.公路车辆行驶安全辅助换道预警系统研究[D].长春：吉林大学，2009.

[41] 胡蕾蕾.电动汽车主动安全避撞控制系统研究[D].长春：吉林大学，2014.

[42] 边明远.基于紧急变道策略的汽车主动避障安全车距模型[J].重庆理工大学学报（自然科学），2012(04)：1-4.

[43] 戚志锦.4WS车辆高速公路智能换道避障安全行车辅助系统研究[D].重庆：重庆交通大学，2012.

[44] 柳岩.回顾中国轿车的发展历程、阶段及其发展关键[D].长春：吉林大学，2010.

[45] 闫新星.汽车三维安全防撞预警系统的设计与开发[D].太原：太原理工大学，2011.

[46] 孔金生，赵亮.汽车防碰撞安全控制系统的研究综述[J].河南科技，2014(14)：83-84.

[47] Pual Venhovens, Karl Naab, Bartono Adiprasito. Stop and go cruise control[C]. Seoul FISITA World Automotive Congress，2000.

[48] W Chee, M Tomizuka. Vehicle lane change maneuver in automated highway systems[J]. PATH Res Dept Mech Eng Univ Calif , Berkeley, CA, USA，1994.

[49] K Kasuya, M Suzuki. Effects of support level of direct yaw moment control systems on driver's obstacle avoidance behavior [C]. Proc. FAST, Tokyo, Japan, 2011, 1-6.

[50] M Suzuki, Y Furukawa. Steering avoidance support system by DYC combined with collision mitigation brake system [C]. Proc. FAST, To-

kyo, Japan. 2011, 1-6.

[51] D Soudbakhsh. An emergency evasive maneuver algorithm for vehicles [C]. Proc. 14th Int. IEEE ITSC, 2011, 973-978.

[52] R Isermann, M Schorn, U Stahlin. Anticollision system PRORETA with automatic braking and steering [C]. Veh. Syst. Dyn, vol. 46, no. 1. 683-694, 2008.

[53] Minh V T, Pumwa J. Feasible Path Planing for Autonomous Vehicles [J]. Mathematical Problems in Engineering, 2014, 20(4): 1-12.

[54] Blank M, Margolis D L. Minimizing the path radius of curvature for collision avoidance[J]. Vehicle Systm Dynamics, 2000, 33(3): 183-201.

[55] A Mattias. Set-based computation of vehicle behaviors for the online verification of autonom-yous vehicles [C]. Proc. 14th Int. IEEE ITSC, 2011, 1162-1167.

[56] H Nishira, Y Takagi, Y Deguchi. Application of model predictive control to cooperative colli-sion avoidance control system [C]. Proc. FAST, Tokyo, Japan, 2011, 1-8.

[57] C Schmidt, F Oechsle, W Branz. Research on trajectory planning inemergency situations with multiple objects [C]. Proc. 9th Int. IEEE ITSC, 2006, 988-992.

[58] A Grey, M Ali, Y Gao, et al. Semi-autonomous vehicle control for road departure and obstacle avoidance[C]. Tokyo: Proc. IFAC, 2012.

[59] S J Anderson, S C Peters, T E Pilutti, et al. An optimal-control-based framework for trajectory planning, threat assessment, and semi-autonomous control of passenger vehicles in hazard avoidance scenarios[J]. International Journal of Vehicle Autonomous Systoms, 2010, 9(2-4): 6.

[60] Y Nakada, R Ota, T Kojima, et al. Development of virtual laneguide [C]. Tokyo: Proc. FAST, 2011, 1-8.

[61] Soudbakhsh D, Eskandarian A. A Collision Avoidace Steering Controller using Linear Quadra-tic Regulator[J]. SAE paper, 2010, 01-0459.

[62] 刘翔宇. 基于直接横摆力矩控制的车辆稳定性研究[D]. 合肥：合肥工业大学, 2010.

[63] Boada M J L, Boada B L, Munoz A, et al. Integrated control of front-wheel steering and front braking forces on the basis of fuzzy logic[J]. Proceedings of the the Institution of Mechanical Engineers, Part D: Journal of Automobile Engineering, 2006, 220 (3): 253-267.

[64] 张冠哲, 任殿波, 崔胜民. 智能交通系统车辆换道四轮转向控制[J]. 大连海事大学学报, 2011(03): 81-88.

[65] 杨志刚, 戚志锦, 黄燕. 智能车辆自由换道轨迹规划研究[J]. 重庆交通大学学报(自然科学版), 2013(03): 520-524.

[66] 李果, 王旭. 基于agents系统的汽车转向制动稳定协同控制[J]. 计算机应用研究, 2009(12): 4494-4498.

[67] 初长宝, 陈无畏. 汽车底盘系统分层式协调控制[J]. 机械工程学报, 2008(02): 157-162.

[68] 李锐, 郑太雄, 李银国, 等. 汽车防抱死制动系统分级智能控制[J]. 机械工程学报, 2007(08): 135-141.

[69] 薛彩军, 聂宏. 分布式优化模式及其协调策略的研究[J]. 机械工程学报, 2004(10): 19-24.

[70] 李果, 刘华伟, 王旭. 汽车转向/防抱死制动协同控制[J]. 控制理论与应用, 2010(12): 1699-1704.

[71] Tokuda T. Cars in t he 90s as a humanware[C]. SAE Paper 885049, 1988.

[72] Sato S, Inoue H, Tabata M, et al. Integrated chassis control system for improved vehicledynamics [C]. Proc. AVEC92, Yokohama, Japan, 1992.

[73] Tanaka H, Inoue H, Iwata H. Development of a vehicle integrated control system[C]. SAE Paper 925049, 1992.

[74] 陈祯福. 汽车底盘控制技术的现状和发展趋势[J]. 汽车工程, 2006, 28(2): 105-113.

[75] Rieth P E, Schwarz R. ESC with active steering intervention[C]. SAE Paper 2004, 01, 0260.

[76] Taheris, Law E. Investigation of combined slip control braking and closed loop four wheel steering systems for automobiles during combined hard braking and severe steering[C]. Proc. ACC 1990.

[77] Yasui Y, Kodama H, Momiyama M, et al. Electronic stability control (ESC) coordinated with electric power steering (EPS) [C]. FISITA Congress 2006.

[78] Mo khiamar O, Abe M. Simultaneous optimal distribution of lateral and long itudinal tire forces for the model following control[J]. J. Dynamic Systems, Measurement and Control, Transactions of the ASME, 2004, 126 (4): 753-763.

[79] Shen X, Li D, Yu F. Study on vehicle chassis control integration based on general actuator plant structure[C]. Taipei: Proc. AVEC06, 2006.

[80] Li D, Yu F. A novel integrated vehicle chassis controller coordinating direct yaw moment control and active steering[C]. Hollywood: SAE Paper, 2007.

[81] Shen X, Yu F. Study on vehicle chassis control integration based on a main loop inner loop design approach [J]. Proc. IMech E, Part D: J. Automobile Engineering, 2006, 220 (11): 1491-1502.

[82] Li D, Shen X, Yu F. Integrated vehicle chassis control with main/servo loop structure [J]. Int. J. Automotive Technology, 2006, 7 (7): 803-812.

[83] Shen X, Yu F. Study on vehicle chassis control integration based on vehicle dynamics and separate loop design approach [J]. Int. J. Vehicle Autonomous Systems, 2007, 5(12): 95-118.

[84] Jaewoong Choi, Kyongsu Yi, Jeeyoon Suh, et al. Coordinated Control of Motor-Driven Power Steering Torque Overlay and Differential Braking forEmergency Driving Support[C]. IEEE transactions on vehicular tech-

nology，2014.

[85]李道飞.基于轮胎力最优分配的车辆动力学集成控制研究[D].上海：上海交通大学，2008.

[86]赵君卿.汽车主动悬架与电动助力转向结构/控制集成优化研究[D].合肥：合肥工业大学，2005.

[87]陈龙，袁传义，江浩斌，等.汽车主动悬架与转向系统的模糊参数自调整集成控制[J].中国机械工程，2006(23)：2525-2528.

[88]陈平.基于线控技术的主动转向与差动制动集成控制研究[D].长春：吉林大学，2007.

[89]王霞.汽车防抱制动与主动前轮转向系统协调控制研究[D].合肥：合肥工业大学，2007.

[90]武建勇.提高车辆操纵稳定性的底盘集成控制系统设计与方法研究[D].上海：上海交通大学，2008.

[91]董宁.轻型汽车防抱死制动与主动前轮转向集成控制研究[D].长春：吉林大学，2008.

[92]赵树恩.进行了基于多模型智能递阶控制的车辆底盘集成控制研究[D].重庆：重庆大学，2010.

[93]杨福广.4WID/4WIS电动车辆防滑与横摆稳定性控制研究[D].山东：山东大学，2010.

[94]朱茂飞.汽车底盘集成系统解耦控制方法及关键子系统时滞控制研究[D].合肥：合肥工业大学，2011.

[95]岑达希.基于主动转向与差动制动的汽车防侧翻控制研究[D].浙江：浙江大学，2011.

[96]马国宸.汽车电动助力转向系统、防抱死系统与主动悬架集成控制[D].浙江：浙江大学，2011.

[97]汪洪波，陈无畏，杨柳青，等.基于博弈论和功能分配的汽车底盘系统协调控制[J].机械工程学报，2012(22)：105-112.

[98]李果，冯泽斌，王旭.汽车转向/防抱死制动系统的自调节协调控制[J].计算机应用研究，2010(11)：4189-4192.

[99] 李果,刘华伟,王旭.汽车转向/防抱死制动系统的协调控制研究[J].系统仿真学报,2012(02):404-408.

[100] 李果,冯泽斌.汽车转向/防抱死制动系统协同误差控制[J].兵工学报,2011(09):1071-1076.

[101] 李果,刘华伟.汽车转向防抱死制动控制系统研究[J].计算机工程与应用,2012(11):218-223.

[102] 李果,侯艳杰,冯泽斌.汽车转向/防抱死制动系统的无模型协同控制[J].计算机应用研究,2012(07):2470-2474.

[103] 李果,王辉.汽车转向/防抱死制动系统的非线性鲁棒协调控制[J].信息与控制,2012(02):256-260.

[104] 李果,彭莎.汽车转向/制动系统的非线性解耦内模控制[J].系统仿真学报,2012(08):1714-1718.

[105] 李果,赵祎.汽车转向/制动不确定系统的一致性协同控制[J].北京信息科技大学学报(自然科学版),2015(01):1-7.

[106] 刘伟.基于质心侧偏角相平面的车辆稳定性控制系统研究[D].长春:吉林大学,2013.

[107] 刘明春.8×8轮毂电机驱动车辆操纵稳定性分析与控制研究[D].北京:北京理工大学,2015.

[108] 刘经文.四轮独立电动车驱动/转向/制动稳定性集成控制算法研究[D].长春:吉林大学,2012.

[109] 杨建森.面向主动安全的汽车底盘集成控制策略研究[D].长春:吉林大学,2012.

[110] 李刚,宗长富,陈国迎,等.线控四轮独立驱动轮毂电机电动车集成控制[J].长春:吉林大学学报(工学版),2012(04):796-802.

[111] 李静,余春贤.基于模糊与PID的车辆底盘集成控制系统[J].长春:吉林大学学报(工学版),2013(S1):509-513.

[112] 王西建.轻型汽车神经网络非线性解耦底盘集成控制研究[D].长春:吉林大学,2013.

[113] U Kiencke, L Nielsen. Automotive Control Systems: For Engine, Driv-

eline, and Vehicle [M]. Berlin: Springer-Verlag, 2000: 223-314.

[114] 余志生. 汽车理论第[M]. 北京: 机械工业出版社, 2009.

[115] Bakker E, Pacejka H B, Lidner L. A new tire model with an application in vehicle dynamics studies[J]. SAE Transactions, 1989, 98: 101-113.

[116] Li Li, Wang Fei-yue, Zhou Qun-zhi. Integrated longitudinal and lateral tire/road friction modeling and monitoring for vehicle motion control [J]. IEEE Transactions on Iintelligent Transportation Systems, 2006, 7(1): 1-18.

[117] Pacejka Hans B. Tyre and Vehicle Dynamics[M]. 2nd ed, New York: Elsevier, 2006: 101-117.

[118] 李刚, 王超, 石晶, 等. 基于模糊控制的汽车直接横摆力矩研究[J]. 计算机仿真, 2014, 31(12): 151-155.

[119] 陈荫三. 汽车动力学[M]. 北京: 清华大学出版社, 2009.

[120] 赵伟. 汽车动力学稳定性横摆力矩和主动转向联合控制策略的仿真研究[D]. 西安: 长安大学, 2008.

[121] H B Pacejka. Tire and Vehicle Dynamics [M]. London: Butterworth-Heinemann, 2002: 157-169.

[122] 张洁, 张朋, 刘国宝. 基于两阶段蚁群算法的带非等效并行机的作业车间调度[J]. 机械工程学报, 2013, 49(6): 136-144.

[123] 刘振, 胡云安. 一种多粒度模式蚁群算法及其在路径规划中的应用[J]. 中南大学学报(自然科学版), 2013, 44(9): 3713-3722.

[124] 刘永强, 常青, 熊华钢. 改进蚁群算法求解时变网络中最短路径问题[J]. 北京航空航天大学学报, 2009, 35(10): 1245-1248.

[125] Einicke G A, White L B. The extended H_∞ filter-A robust EKF[C]. Adelaide: In Proceedings of the 1994 IEEE International Conference on Acoustics, 1994.

[126] Chandra K P B, Gu D W, Postlethwaite I. Fusion of an extended H_∞ filter and cubature Kalman filter[J]. IFAC Proceedings, 2011, 1(44): 9091-9096.

［127］Simon D. Optimal State Estimation：Kalman，H Infinity，and Nonlinear Approaches[M]. Hoboken：John Wiley & Sons，2006.

［128］Zhao J. Dynamic State Estimation With Model Uncertainties Using H_∞ Extended Kalman Filter[J]. IEEE Transactions on. Power Systems，2018，1(33)：1099-1100.

［129］Lin C，Gong X，Xiong R，et al. A novel H_∞ and EKF joint estimation method for determining the center of gravity position of electric vehicles [J]. Appl. Energy，2017，194：609-616.

［130］高云博，赵云胜，崔巍. 高速公路汽车防撞模型仿真研究[J]. 中国安全生产科学技术. 2009，5(4)：47-50

［131］葛如海，张伟伟. 基于隶属函数的高速公路安全距离模型研究[J]. 中国安全科学学报. 2010，20(10)：101-105.

［132］李力. 现代交通流理论与应用(卷I)-高速公路交通流石[M]. 北京：清华大学出版社，2011.

［133］刘存星，魏民祥，顾亮. 车辆紧急变道避撞安全距离建模与仿真研究[J]. 机械设计与制造，2016(02)：17-20.

［134］苏周成. 车辆转弯制动稳定性动力学控制研究[D]. 重庆：重庆大学，2007.

［135］张浩. 客车操纵稳定性分析及其控制策略研究[D]. 长春：吉林大学，2012.

［136］邓国辉. 转弯制动时ABS控制算法研究及对汽车侧向稳定性的改进[D]. 长春：吉林大学，2009

［137］张金柱. 基于GPS的汽车稳定性控制系统研究[D]. 哈尔滨：哈尔滨工程大学，2012.

［138］涂志祥. 基于模糊控制的汽车动力学稳定性控制(VDC)研究[D]. 长沙：长沙理工大学，2004.

［139］包启慧. 基于灰色决策的驾驶员路径选择研究[D]. 沈阳：沈阳航空航天大学，2014.

［140］刘思峰，党耀国. 灰色系统理论及其应用[M]. 北京：科学出版

社，2010.

[141]徐丽娜.神经网络控制[M].北京：电子工业出版社，2009.

[142]飞思科技产品研发中心.神经网络力量与MATLAB7实现[M].北京：电子工业出版社，2005.

[143]刘冰，郭海霞.MATLAB神经网络超级学习手册[M].北京：人民邮电出版社，2014.

[144]吕砚山，赵正琦.BP神经网络的优化及应用研究[J].北京化工大学学报(自然科学版)，2001(01)：67-69.

[145]周志刚.灰色系统理论与人工神经网络融合的时序数据挖掘预测技术及应用[D].成都：成都理工大学，2006.

[146]李朋.汽车主动防撞系统控制模式的研究[D].南京：南京航空航天大学，2012.

[147]马小璐.两类车辆路径问题的遗传算法[D].青海：青海师范大学，2015.

[148]林晓颖.广义系统非标准H_∞控制与零点配置研究[D].天津：天津大学，2014.

[149] Boukas E K. Static output feedback control for linear descriptor systems-LMI approach[C]. NIAGARA FALLS：IEEE International Conference，2005.

[150]廉宇峰.电动汽车主动避撞系统状态估计与控制策略研究[D].长春：吉林大学，2015.

[151]Abe M，Manning W. Vehicle Handling Dynamics Theory and Application[M]. Elsevier Ltd，2009.

致　谢

值此书完成之际，感触良多，在整个撰写过程中，需要感谢太多太多的人。

感谢我的导师魏民祥教授，从选题，到陆续开展研究，导师一次次地帮我认识到自己的不足，给予我耐心的指导，每当我由于忙于工作和家庭，想要放弃的时候，是魏老师一次次地鼓励我，让我坚持下去。导师严谨的学术态度和严格的治学要求促使我最终完成此书的撰写，谨向指导我的博士生导师魏民祥教授致以崇高的敬意和衷心的感谢！

感谢南京航空航天大学的李舜酩教授、赵万忠教授、王春燕副教授、李玉芳副教授、刘明香老师、沈峘老师，在我此书进展期间，他们给予过我相关的指导、关心和鼓励，使我在南京航空航天大学的这几年里备感温暖，我永远感谢他们。感谢我的大学恩师乔斌教授、硕士阶段导师鲁植雄教授，工作阶段的领导肖华星教授、兄弟院校的徐鸿翔老师，他们给予我支持与鼓励。感谢动力楼514室的黄丽琼、汪夔、严明月、刘锐、贝太学、季浩成、常诚、卢天义、梁永胜、刘景阳、牛燕华、张佳佳、周东、刘润乔、杨庆荣、张文浩、郭阳东、邵东骁、吴超、项楚勇等师弟师妹们，感谢他们在我攻读博士期间，给予我的各种无私帮助，我终生不会忘记！

感谢成为朋友的汪伟师弟、魏建伟博士、王吉华老师、徐哲师弟、盛敬师妹，感谢我的舍友邱睿、李爱娟、朱敏、张任、王秀英，前行的路上，一直有他们的帮助、陪伴和鼓励，才让我有勇气坚持下去。感谢从小学到工作阶段遇到的挚友姐妹们邹士侠、丁媛媛、袁欣宇、张红、付志敏、朱兴环、周洁琛、万芳新、刘艳艳、陈真、李梁、马桂香、娄小丛、赫红英，感谢我的异性好兄弟徐志杰、展益彬、徐勇、邹贞奇、刘光徽、章磊，在我处于极度困境中的时候给予我的鼓励。感谢我的同事们，感谢他们的帮助和支持。愿他们今生平安、幸福！

感谢我伟大无私的母亲，没有她一直以来的陪伴和付出，我不可能完成我的研究，母亲的支持和期望是我奋斗的动力！感谢我的爱人，在我情绪低落的时候，对我一直以来的包容和忍耐。感谢我的女儿，她的天真活泼，在我撰写此书期间给我带来巨大的快乐和慰藉。感谢我的大哥、大姐、二哥、二姐的所有家庭成员给予我的关心和爱护，他们的大力支持和鼓励是我的精神力量。

感谢参考文献的作者给我提供的借鉴和启发，感谢在百忙之中为本书审阅付出辛勤劳动的其他各位专家学者！

张凤娇

二〇二三年三月

于常州机电职业技术学院

攻读博士学位至今的研究成果

一、发表的学术论文

1. Fengjiao Zhang, Minxiang Wei. Multi-objective Optimization of the Control Strategy of EVs Electric & Hydraulic Composite Braking System with Genetic Algorithm. Advances in Mechanical Engineering, 2015, 7(3). (SCI 收录号: 000354084900001).

2. 张凤娇, 魏民祥. 基于蚁群优化 UKF 算法的汽车状态估计[J]. 中国机械工程, 2015, (22): 3046~3050.

3. 张凤娇, 魏民祥, 周梦来. 斯特林发动机配气活塞与气缸的间隙设计与仿真[J]. 制造业自动化, 2015, (10): 121~124.

4. 张凤娇, 廖旭晖, 夏媛, 等. 发动机 ECU 测试系统设计与试验验证[J]. 现代制造工程, 2015, (09): 109~113.

5. 张凤娇, 魏民祥, 周梦来, 等. 斯特林发动机配气活塞动力学仿真分析[J]. 现代制造工程, 2015, (10): 78~82.

6. 张凤娇, 孟浩东, 廖旭晖. 应用型本科院校车辆工程专业课程设置的研究[J]. 求知导刊, 2016, (11): 146-147.

7. 张凤娇, 魏民祥, 黄丽琼, 等. 基于模型预测控制的汽车紧急换道控制研究[J]. 现代制造工程, 2017, (03): 57-64.

8. 张凤娇, 孟浩东, 陈真, 等.《汽车理论》网络课程建设研究[J]. 现代经济信息, 2017, (23): 371-372.

9. 张凤娇, 汪奚, 项楚勇, 等. 汽车转向与制动协调控制试验平台设计与验证[J].制造业自动化,2018,(04):27-30+49.

10.张凤娇,汪奕,赵万忠.基于深度学习的极限工况下车辆的状态估计[J].重庆理工大学学报(自然科学),2018,(10):64-70.

11.张凤娇,杨宏图,史颜洋,等.汽车防超速限速控制装置与控制方法[J].时代汽车,2020,(12):195-196.

12.A Novel Comprehensive Scheme for Vehicle State Estimation Using Dual Extended H-Infinity Kalman Filter.ELECTRONICS,2021,10(13).(SCI 收录号:000672026000001).

13.张凤娇,宋敬滨,张红党,等.产教融合背景下高职院校智能网联汽车专业人才培养模式创新——以江苏省为例[J].人才资源开发,2022,(10):64-65.

14.张凤娇,王秀梅,张红党,等.高职院校产教融合实现机制研究——基于江苏高职院校的智能网联汽车专业现状分析[J].时代汽车,2022,(12):77-78.

二、授权(申请)专利

1.张凤娇,吴玉同,杨建明,等.一种炉管回转与间歇送进式摆放架.中国,发明专利,CN105292911A,2016.02.03.

2.张凤娇,黄丽琼,汪奕.频率和振幅可调节的激振装置.中国,实用新型专利,CN205165132U,2016.04.20.

3.张凤娇,汪奕,黄丽琼,等.一种汽车换道避撞控制方法.中国,发明专利,CN105857294A,2016.08.17.

4.张凤娇,周同根,吴海东,等.一种汽车控制器测试工装[P].中国:CN209673356U,2019-11-22.

5.张凤娇,徐宝玉,陈新,等.一种新能源汽车电池散热装置[P].中国:CN209730106U,2019-12-03.

6.张凤娇,周洪如,周同根,等.一种汽车控制面板测试台[P].中国:CN209727434U,2019-12-03.

7.张凤娇,徐宝玉,王峰,等.一种汽车行李架安装座[P].中国:

CN209795345U，2019－12－17.

8. 张凤娇，徐宝玉，张红党，等. 一种汽车配件检具[P]. 中国：CN209850583U，2019－12－27.

9. 张凤娇，徐宝玉，宋敬斌，等. 一种汽车遮阳装置[P]. 中国：CN210062644U，2020－02－14.

10. 张凤娇，徐宝玉，宋永乾，等. 一种半封闭式车位地锁[P]. 中国：CN211285392U，2020－08－18.

11. 张凤娇，徐宝玉，宋永乾，等. 一种开放式车位地锁[P]. 中国：CN211285391U，2020－08－18.

12. 史颜洋，张凤娇，张红党，等. 一种汽车防超速限速控制装置[P]. 中国：CN211685058U，2020－10－16.

13. 张凤娇，蔡嘉乐，宋敬滨，等. 电动汽车、升降式车用电池箱及电池箱的降温抛弃方法[P]. 中国：CN114030367A，2022－02－11.

三、主持、参与的科研项目

1. "集成电动助力转向功能的汽车主动前轮转向系统机理研究"，国家自然科学基金项目(51205191)，排名第4；

2. "拖拉机自动耕深控制装置的研究与研发"，江苏省科技计划项目(BE2012384)，排名第3；

3. "汽车紧急避撞主动转向与制动协调控制系统研究"，常州市科技计划应用基础研究项目(CJ20159011)，主持；

4. "智能汽车紧急工况下主动规避机制与自学习控制研究"，常州市科技计划应用基础研究项目(CJ20190009)，主持；

5. "江苏省高职院校智能网联汽车技术专业产教融合创新发展研究"，江苏省教育厅(2021SJA1320)，主持；

6. "前照灯自适应控制系统研发"，江苏省科技计划项目(BY2021197)，主持。